教室で読む英語100万語

多読授業のすすめ

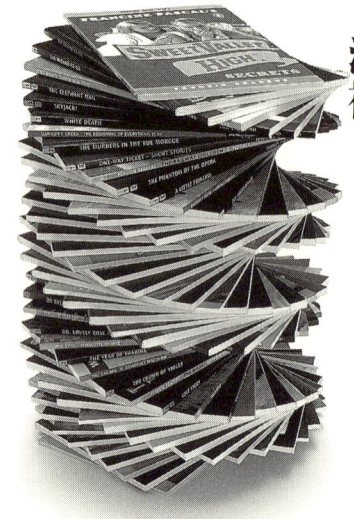

酒井邦秀
神田みなみ 編著

大修館書店

はじめに

　このごろあらためて多読が関心を呼んでいます。たとえば夏休みの宿題にオックスフォードやペンギンの「段階別読み物」をまるまる1冊読ませる学校は相当な数にのぼるようです。そうした読み物すなわち graded readers（以下GR）の出版元にたずねると、この傾向はここ数年のことだそうです。

　ここ数年といえば「コミュニケーション重視」の「発信型英語」が強調されてきました。従来の文法訳読はすみに追いやられ、教室はもちろん世間でも、もっぱら音声で自分を表現することに関心が向いているように見えます。

　それなのに、なぜいまさらのようにたくさん「読む」ことが注目されだしたのでしょう？

　その1つの答えは、検定教科書に載っている英文の量が少なすぎることだと思われます。多くの英語の先生が、いまの教科書と問題集と副読本を全部合わせても、生徒たちが触れる英語の量が少なすぎると考えているのではないでしょうか？　もっとインプットを！という要望は時代の叫び声のようにさえ思えます。つまりアウトプットしようにも、十分な量の英語が体にしみこんでいなければ、発信できない、そしてコミュニケーションが成り立たない……そのもどかしさは、時代の叫び声というよりも、悲鳴に近いかもしれません。

　加えて、インターネットの普及も多読を後押ししているように見えます。世界がごく身近になって、教室でも家庭でも簡単に英語で書かれたホームページを見ることができるようになりました。

インターネット上の膨大な情報をてきぱきと処理するには「発信型」の勉強はもちろんのこと、「精読」でもとても立ち向かえないことが認識されてきました。まず大づかみに要旨を読み取って、それから大切な部分だけ精読する必要があります。そのためには相当な速さで英文を読める必要があり、そのためにはふだんから大量の英文を読んでいなければ、ということから多読に関心が集まってきたのだと思われます。

■ 100万語多読の登場⁈

こうした傾向に拍車をかけたのはほかでもない「100万語多読」だといってよいかもしれません。GRの出版社（おもにイギリス）によると、2001年以前にも日本のGR売上高は世界で第3位と決して低くはなかったのですが、2002年にはそれまで1位だったスペインを抜いて日本が突然1位になり、その後ずっと1位を保っているそうです。

2002年に何が起きたかというと、手前味噌になりますが拙著『快読100万語！──ペーパーバックへの道』（ちくま学芸文庫）が出版されました。そしてたいして多くはありませんがいくつかの媒体に100万語多読がとりあげられ、100万語多読を標榜するウェブサイト（サイト上では「SSS多読」）に次第に人が集まってきました。このサイトで情報交換をしながら、おもに社会人が100万語多読をはじめ、過去3年間に300人以上の人が100万語を達成しています。2002年は、100万語多読が少しだけ世の中に知られはじめた年のように思われます。

■ 100万語多読の意味と方法

そして『英語教育』誌（大修館書店）が2004年の2月号で100万語多読を特集し、学校の先生方にも知られるようになりました。

けれどもこれまでにも「多読」と呼ばれる指導法はあったので、多少誤解があるようです。従来の多読は精読を速くしたもので、和訳や100％の理解を求める点は精読と変わりません。

この本はこれまでの「多読」とはまったく異なる100万語多読を紹介し、具体的にその指導法をお話しします。いちばん大きな違いはなんといっても生徒や学生が吸収する英文の量です。量を強調するのにはわけがあります。

文部科学省はしばらく前から「コミュニケーション重視」を唱え、なんとか文法訳読方式から方向転換をしようと努力しています。これは方向としては間違っていないと思います。「コミュニケーション重視」などということをいまさら言わなければならないのは、おかしなことですが、これまでの文法訳読があまりに自閉的だったので、仕方ないとも言えます。

けれどもコミュニケーションのためにはこちらから「発信」する必要があり、それには私たちの体の中にかなりの量の英語がたまっていなければなりません。体の中に英語がたまっていないのに英語を発信しようとすることは、いわば樽の底に数センチしかたまっていない水を柄杓でくみだそうとするようなもの。もどかしさが募るばかりです。私たち英語教師もそのもどかしさ、いらいらはよく経験しているはずです。

100万語多読は精読の基礎を作り、発信のための英文を体にためることになるので、従来の「文法訳読型」と最近登場した「コミュニケーション重視、発信型」の対立を止揚する第3の方法となる可能性があります。また、100万語多読は母語の獲得にも必要な silent period とも、外国語獲得の土台作りとも位置づけることができそうです。土台作りがしっかりできれば、リスニングはもちろんのこと、話すことや書くことにも直接つながる力を培うことができます。

100万語多読の特徴をひと言でいえばごくやさしい薄い本から始めること、そして個別指導です。そしてその利点は先生も生徒もすぐに実感できます。第1時間目から生徒は目を輝かせて英語の本を読みふけるでしょう。生徒は、どんなやさしい本であれ英語の本を1冊読み通せたといううれしさを素直に表現するはずです。そして一人一人が次々と本を取り替えて読む集中ぶりは一斉授業では到底考えられないものです。そして生徒の喜びを目の当たりにする先生の喜びもこれまでの授業とは別次元のものと言えます。

　100万語多読の利点をもう1つ挙げるとすれば、それは小さく、ささやかに始めることができることでしょう。ぜひまずは課外活動、短期の集中講座などで生徒たちが楽しく英語を読む様子を確かめてください。そして100万語多読に大きな可能性があると確信したら、本格的な多読指導をはじめましょう。この本がその羅針盤になることを願っています。

■ 本書の構成

　この本は5章と付録から構成されています。

　第1章では100万語多読の意義と特徴を説明します（担当は酒井）。第2章では学校現場で100万語多読にどんな風に取り組んでいったらいいか、具体的に提案します（神田）。そして第3章ではすでに実際に多読指導に取り組んでいる先生方の実践報告を解説しながら紹介します（神田）。第4章では社会人から児童英語教室、家庭まで、さまざまな学校外の多読指導を紹介します（酒井）。100万語多読は現在学校外のほうが進んでいるので、その指導方法や助言方法は教室の先生方にも大いに参考になるはずです。第5章は多読に必要な図書をできるだけたくさん紹介し、さらにそれが実際にどう使われるかを電気通信大学の多読クラスを例に

解説します。

　またコラムでは、100万語多読にまつわるさまざまな基本用語を解説したり、100万語多読を実践した社会人の声や多読関連書の紹介をしています。後ろ見返しには代表的な多読用図書のレベル表がついています。生徒の助言に、また図書の購入に役立ててください。

目　次

はじめに　　iii

第1章　100万語多読とは？　　3

第1節　これまでの「多読」と100万語多読　　5
- これまでの「多読」　　5
- 100万語多読の場合　　6
- 多読三原則→楽しい→続く→大量に吸収　　6

第2節　100万語多読の成果　　7
- ほかにも例が……　　9
- 出藍の誉れ——追い越される喜び　　10

第3節　多読三原則による語彙と文法の獲得　　11
- 外国語だから辞書と文法を？　　12
- 外国語だからこそ辞書なし・文法なしで！　　13
- 多読三原則の1：辞書を引かない　　13
- そんなことが可能か？　　14
- それほど大胆ではない仮説　　15
- 大胆な仮説　　15
- 疑問の数々　　16
- 多読三原則の2：わからないところは飛ばす　　17
- 'It should have been you.'　　18
- 語りの世界に浸る　　19
- いくつも世界を重ねることで……　　20
- 多読三原則の3：進まなくなったらやめる　　22

第4節　多読授業の特徴2つ　　23
- 得意な生徒も、不得意な生徒も歓迎するクラス　　24
- 特徴1　Affective Filter を取り除く——個別指導！　　24
- 生徒・学生の気持ちを楽にさせるために　　25
- 一人一人、それぞれの道……　　25
- 特徴2　絵本からハリー・ポッターまで
  ——多種多様な本を用意する　　26

- ■ 絵本から挿絵本へ、挿絵本からペーパーバックへ　28
- ■ 多読の先にあるもの　29
- ■ 受験へ　30
- ■ ６年間プログラム　31

第2章　授業で行う100万語多読の方法　33

第1節　多読授業の特徴　36
- ■ 読みやすさレベル０の本から――文字無し絵本も！　36
- ■ 全員が違う本を読む　38
- ■ 読書が授業　38
- ■ 読む量重視の100万語多読　39

第2節　多読授業三原則と先生の役割　40
- ■ 「教えない」――個別指導が基本　40
- ■ 「押しつけない」――生徒中心の読書活動　41
- ■ 「テストしない」――楽しくたくさん読む指導　43

第3節　多読指導をはじめるにあたって　44
- ■ 多読に必要な図書の冊数　44
- ■ 図書のレベル分け　46
- ■ 本の置き方、見せ方　47
- ■ 適切な教室環境　48
- ■ 本の量で決まる授業形態――本の数が少なかったら……　49

第4節　読書記録の方法　50
- ■ 読書記録は本人のため　50
- ■ 何を記録するか？　51
- ■ 読書記録を全くとらないケースも　53

第5節　授業サンプルプランと多読三原則の指導　53
- ■ 授業プラン　53
- ■ 多読三原則をどのように指導するか？　56

第6節　生徒をよく観察しよう　57
- ■ 読書に集中しているかどうか判断する　57
- ■ 生徒の読書スピードを見る　59
- ■ 生徒に調子を聞く　62

第7節　生徒へのアドバイス　64
- ■ レベルを上げるタイミング　64

- ■ 読めなかったら「理由」を生徒と一緒に探る　　67
- 第8節　多読授業で避けたいこと　　69

第3章　多読授業実践報告　　71

- ■ 学校での多読授業　　73
- ■ 高校での多読指導(1)　　74
- 〈実践報告①〉先生と生徒とともに100万語多読を（田澤美加）　　75
- ■ 高校での多読指導(2)　　81
- 〈実践報告②〉ある私立高校での多読授業への挑戦（高瀬敦子）　　82
- ■ 高専での多読指導(1)　　91
- 〈実践報告③〉学校全体での多読への取り組み（新川智清）　　92
- ■ 高専での多読指導(2)　　98
- 〈実践報告④〉技術者の英語運用能力育成に英文多読を導入（吉岡貴芳・西澤一）　　99
- ■ 高専での多読指導(3)　　105
- 〈実践報告⑤〉まずは小規模で多読サークル（佐藤秀則）　　106
- ■ 大学での多読指導(1)　　110
- 〈実践報告⑥〉楽しい多読授業の日々（黛道子）　　111
- ■ 大学での多読指導(2)　　117
- 〈実践報告⑦〉多読授業に変化をつける（畑中貴美）　　118

第4章　多読指導の広がり──子どもから社会人まで　　125

- ■ 学習塾での多読指導(1)　　129
- 〈実践報告⑧〉中学1年生への多読指導（河野美紀子・黒田弘美）　　130
- ■ 学習塾での多読指導(2)　　135
- 〈実践報告⑨〉生徒と同じ目の高さから（渡辺賢一郎）　　136
- ■ 学習塾での多読指導(3)　　141
- 〈実践報告⑩〉受験につながる英語多読塾（小柳津佳世）　　142
- ■ 児童英語教室での多読指導(1)　　147
- 〈実践報告⑪〉子どもが自主的に学ぶ学習塾（忠喜美江）　　148
- ■ 児童英語教室での多読指導(2)　　154
- 〈実践報告⑫〉児童英語と100万語多読（利岡悦子）　　155
- ■ 社会人への多読指導(1)　　160

〈実践報告⑬〉多読の悩みを一緒に考えていく（高木徹）　　　*161*
■ 社会人への多読指導(2)　　*167*
〈実践報告⑭〉NECソフトウェア北海道の多読サークル
　　　　　　　　　　　　　　　　　　　（浜館昌樹）　　　*168*
■ 家庭での多読指導(1)　　*176*
〈実践報告⑮〉親子で多読──小学2年生から…（吹譯典子）　　*177*
■ 家庭での多読指導(2)　　*182*
〈実践報告⑯〉親子で「本の世界」を生きる（川路純代）　　*183*
■ インターネット上での多読指導(1)　　*188*
〈実践報告⑰〉私が受けたアドバイスから（川路純代）　　　*189*
■ インターネット上での多読指導(2)　　*193*
〈実践報告⑱〉まだ見ぬ方への応援（繁村一義）　　*193*
■ オフラインでの多読指導　　*195*
〈実践報告⑲〉学習者同士の交流（藤吉妙子）　　*196*

第5章　多読クラスの四季──多読用図書案内　　*201*

■ 春──歓声から惰性へ、惰性から再生へ　　*204*
■ 足慣らしは続く　　*206*
■ 惰性から再生へ……　　*208*
■ 絵本から挿絵入りへ　　*209*
■ 4月からのまとめ──「忍」の一字　　*211*
■ 夏──暑さに負ける　　*211*
■ 秋──読書の秋？　　*211*
■ リハビリテーション　　*212*
■ 部活、行事、バイト、教習所　　*212*
■ 離陸の季節　　*214*
■ 秋の夜長　　*215*
■ 冬──実りの季節　　*217*
■ 1年目の終わり　　*218*
■ 2年目へ──再び再生　　*219*
■ 児童小説からジュニア小説へ　　*219*
■ 大人向けペーパーバック直前　　*221*
■ GRの最高レベル　　*222*
■ ついに大人向けのペーパーバックへ！　　*222*

■ 最後に *223*

おわりに *225*

多読授業の参考になる本 *227*

コラム

語の意味を類推することについて *21*
多読用図書にはどんなものがあるか？ *27*
多読用図書のレベル分けについて *37*
多読指導する人の条件 *42*
チャンプルー読み *66*
「辞書なし」で語彙は増えるか？ *90*
SSS のウェブサイトとは？ *124*
多読サークルのアンケート結果 *174*
読み聞かせはいいものだ！ *187*
シャドーイングについて *200*
IT を利用した多読授業 *224*

学習者用 GR 紹介

〈Oxford Reading Tree〉 *3-4*
〈Longman Literacy Land〉 *33-34*
〈Penguin Readers〉 *71-72*
〈Oxford Bookworms〉 *125-126*
〈Cambridge English Readers〉〈Macmillan (Guided) Readers〉
  201-202

(GRの写真は2005年現在の版です。最新の表紙については、ウェブサイト等で確認してください。)

＊本文中、〈　〉内はシリーズ名。

教室で読む英語100万語

──多読授業のすすめ──

第1章

100万語多読とは？

⟨Oxford Reading Tree⟩

〈Oxford Reading Tree〉

　イギリスの小学校の副読本で、100万語多読に欠かせないシリーズと言えます。英語を学び始めた子どもから大人までが楽しめるユーモアたっぷりの内容で、日常英語でよく用いられる重要な語彙や表現が繰り返し出てきます。日本の学校カリキュラムの英語とは多少異なる表現に出くわすこともありますが、読んでいくうちに自然に意味を理解できるようになります。

　絵だけのStage 1から総語数1,200語程度のStage 9まで同じ登場人物が出てきます。やさしすぎると感じるかもしれませんが、一番下のレベルから読むことをお勧めします。

第1章
100万語多読とは？

第1節　これまでの「多読」と100万語多読

■ これまでの「多読」

　従来の多読は１学期間あるいは夏休みや冬休みの間に１冊か２冊の副読本を読むことを意味していました。読み終わると、ほとんどの場合に感想文や、要約、単語テスト、理解度テストなどが課されます。生徒は良い成績をとろうと、100％の理解をめざして知らない単語はすべて辞書を引き、和訳を友だちと分担し、ときには翻訳をみつけてきてやりくりする……いわば「少しやさしい本なのだから、英文和訳を家庭でやりなさい」という「多読」です。この場合、１年間に読む英文の量は多くても２、３万語程度だと思われます。

　また、これまでの「多読」では、教室で読むものよりも一段階下のレベルを読ませることが多いようです。これには、「授業で

やっているレベルより低いのだから家庭学習で十分読めるはずだ」という仮定があるのでしょうが、残念ながらこの仮定は生徒たちの現実を見ていない可能性があります。ほとんどの場合、一段階下げたくらいではさらさらと大量に読むにはいたりません。

■ 100万語多読の場合

それに対して100万語多読は、だれでも「読みやすさレベル0」（コラム「多読図書のレベル分けについて」p.37参照）からはじめます。レベル0とは日本語で書かれていたら就学以前の子どもが楽しむような文字の少ない絵本のレベルです。このスタートレベルはどんなにTOEICや実用英語検定で優秀な成績の人でも同じで、いま現在ペーパーバックを日常的に読んでいない人はみなレベル0からはじめます。（試験の成績のいい人は概して急速に上のレベルに行きます。ただし急ぐとそれなりの害もあります。基本的な部分が足りないなと思ったら、あえてやさしい本に戻ってたくさん読むことを勧めます。）

また、レベル0には絵がたくさんついていることもあって、英語を英語のまま理解することができます。日本語に訳しませんから読む速さも相当上がります。その結果これまでの「多読」では年間数万語を読むのに対して、100万語多読では1年間に平均して数十万語読むことになります。これは目安ですから実際には幅があり、少ない人で数万語、多い人は数百万語というところでしょうか。電気通信大学の学生の場合、およそ100万語を読んだあたりで、シドニー・シェルダンの作品や「ハリー・ポッター」シリーズといったペーパーバックを楽しんで読めるようになります。

■ 多読三原則 → 楽しい → 続く → 大量に吸収

これまでの訳読や「多読」とくらべて、すばらしい成果だと思

いますが、いったいどうやったら年間数十万語という大量の英文を消化できるのでしょうか？

いくつもの要素が考えられますが、いちばん大事なことは**多読三原則**だといっていいでしょう。つまり、

1．辞書は引かない
2．わからないところは飛ばす
3．進まなくなったらやめる

という三原則によって、英語の読書は生徒たちにとって楽しい作業になります。楽しいから長続きし、長続きするから大量の英語を吸収できる、その結果おどろくべき成果があらわれるわけです。多読三原則はこれまでの英語教授法や学習法の常識をくつがえすものなので、くわしい説明が必要です。けれどもそれは第3節まで待っていただくとして、その前に第2節で、大量の英文を読んで起きた変化の実例を紹介しましょう。

第2節　100万語多読の成果

100万語多読は小学生から社会人までさまざまな年齢の、さまざまな背景の人たちに有効なように思われますが、ここでは学校の生徒にかかわる、とくにめざましい例をいくつか紹介します。（特別ゆっくりの学生の例もおいおい紹介します。）

まず2002年の4月にぼくが指導をはじめた中学1年生の例を紹介しましょう。この子は帰国生でもなく、ごく普通に公立中学に通いはじめたところでした。ただその直前の1年間、イギリス人の先生に英語を習っていましたが、レベルとしては入門の段階

だったそうです。にもかかわらず、中1の秋にはなんと大人向けのペーパーバックを読みはじめたのです。ぼくはこの子を「スーパー中学生」と呼ぶようになりました。

4月の導入時は graded readers の最初の段階（200語レベル）からでした。（これは当時のやり方で、いまはもっとやさしいレベルからはじめます。）スーパー中学生は夏休みに〈Harry Potter〉の第4巻を読みはじめましたが、その時はそれほど驚きはしませんでした。すでに第1巻から3巻までは翻訳を読んでいましたから、その延長で読めた可能性があると思ったのです。

ところが秋になって、なんと映画『スタンド・バイ・ミー』の原作 "The Body" を読みたいと言い出しました。これはアメリカの現代小説家スティーブン・キングの中編小説で、娯楽物としてはかなりむずかしい部類に入ります。まさかと思いながら渡すと彼はすぐに読みはじめました。あまりのことにぼくは自らの禁（多読授業三原則の3、「テストしない」）を犯しました。

ぼくは先ほどの多読三原則のほかに、多読指導をする先生への多読授業三原則を唱えています。（これについてもあとで説明します。）それは、

1．教えない
2．押しつけない
3．テストしない

というものですが、スティーブン・キングの小説を読む中学1年生を目の前にして動揺したぼくは3番目の原則を破って「テスト」してしまいました。

スーパー中学生が読みはじめた "The Body" の冒頭に It should have been you. という文章がありました。そこでぼくは

その文の意味をたずねてしまいました。これは「理解度テスト」にあたります。すると大学生でも普通は分からないだろうと思われる仮定法を使った文を正しく理解していました。

それから2週間ほどして、スーパー中学生は、同じ中編集 *Different Seasons* に収められていた "The Shawshank Redemption"（映画『ショーシャンクの空に』の原作）も読み終わって、本を返してきました。そこでぼくは上の三原則の2つめも破って、同じスティーブン・キングの長編小説 *IT* のハードカバー版を無理やり押しつけました。スーパー中学生は「先生、これは3ヶ月かかります」と言いながら持って帰り、「おもしろかった」と言って1ヵ月後に返してきました。中1の冬休み直前のことです。

IT は大型のハードカバーで1,000ページを超えますから、〈Harry Potter〉の第5巻をはるかに超える分量です。しかも絵本を読みやすさレベル0、〈The Lord of the Rings〉をレベル10とすれば、レベル9といってよいほど読みにくい小説です。そんな本を中学1年生に押しつけるというのは、ほとんど児童虐待と言っていいでしょう。（実は皮肉なことに、このハードカバーは、ぼく自身がその10年ほど前に買って、読めずに投げ出した本でした……。）

■ ほかにも例が……

「初代スーパー中学生」がホラー小説 *IT* を読んだのは2003年の冬でした。そのときは特異な例として、深く考えずにいました。ところがそれから1年ほどたった2004年の2月に、「二代目スーパー中学生」が現れたのです。

この生徒は中学1年に入学する直前まで英語にはまったく触れていない、いわば多読の効果を検証するにはもってこいの例でした。多読をはじめたのは中1の7月で、冬休みの終わりまでにシ

ドニー・シェルダンの小説を17冊読み終わっていました。もちろんそれも驚きでしたが、2月にはやはりスティーブン・キングの長編小説 *Firestarter* を読んだのです。その後中2の4月には、日本でも翻訳がベストセラーとなった *The Da Vinci Code* を読み、続いて同じ作家の *Angels and Demons* を読みました。ぼくがこの2冊を読むのとほとんど同じ時期、同じ順番だったのは、もう一つの皮肉というべきでしょう。大学の英語の先生であるぼくが中学2年生と同じ本を同じタイミングで読んでいるわけですから。

■ 出藍の誉れ——追い越される喜び

　中学生や高校生、大学生のみならず、社会人にもこうした出藍の誉れといえる例は枚挙に暇のないほどあります。たとえばいま紹介した二代目スーパー中学生は1年間で800万語を読み、中学2年になって *TIME* や *Newsweek* も、日本に関する記事なら読めるようになっています。ぼくが *TIME* を読めるようになったのは30歳ころだったことを考えると、100万語多読の「威力」がよくわかるのではないでしょうか？

　100万語多読で極めて短期間にペーパーバックを読めるようになった人たちについてはぜひ「SSS英語多読研究会」(旧称「SSS英語学習法研究会」)の掲示板(コラム「SSSのウェブサイトとは」p.124参照)を参考にしてください。ぼくは『快読100万語！——ペーパーバックへの道』の中で自分がいままでに読んだ総語数を3,000万語程度と書きましたが、掲示板の発足以来3年に満たないというのに、1,000万語を超えた人が10人近くも出ています。総語数に関するかぎり、100万語多読を言い出したぼくを抜く人がこの数年のあいだに何十人と出てくることはまちがいありません。

また、さいわい読了語数についてはまだ抜かれていませんが、英文を読む速さについてはぼくは生徒たちにすでに抜かれています。2003年度の大学入試で失敗したHさんは、原因は英語だったそうで大変な苦手意識がありましたが、始めて１年後には「巡航速度」が１分間に300語から400語にもなります。これはぼく自身の巡航速度の２倍です。Hさんはこの速さで高等学校の副読本に使われるようなGRを２時間に６冊も読んでしまうのです。

　いままでの英語学習法はその学習法で成功した人たちが「自分のところまで来てごらん」といって紹介しているものばかりだったと思います。ぼくの嘆きは逆で、「自分が言い出した方法が若いころにはなかった」こと（当たり前ですが）です。ぼくは自分が軽々と追い越されることに無上の喜びを感じています。

　それだけではありません。指導する側から見た100万語多読の醍醐味は不得意な人たちがゆっくりのんびりと、しかし長く続けて少しずつペーパーバックが読めるようになっていくことでもあります。電気通信大学では100万語に到達するのに２年以上かかる人もめずらしくありません。その人たちがいよいよペーパーバックを読みはじめた時にぼくが感じる満足感は何物にも代え難いものです。

第３節　多読三原則による語彙と文法の獲得

　喜びを感じるのはぼくだけではありません。100万語多読をしている人たちも読書の喜びを感じています。そして楽しいから続く、続くから大量に吸収できるのです。生徒たちの守るべき多読三原則は実は生徒たちを縛る原則ではありません。生徒たちをつらい英語学習から解放し、生徒たちを学習に無益な心理的障碍か

ら守る原則なのです。なぜ一見常識はずれの原則がそれほどに有効なのか、説明しましょう。

　実際には多読三原則はすこしも常識はずれではありません。三原則の各項目はどれもわたしたちが日本語を読めるようになったやり方です。よく言われることですが、わたしたちは日本語を獲得する時には辞書も引かなかったし、文法も覚えませんでした。日本語の本を読むときにも「知らない言葉は辞書を引け」と言われ続けてきましたが、実際に辞書を引き引き本を読んだ人は皆無ではありませんか？　まして文法書を片手に日本語の読書をしたという人は聞いたことがありません。（それに対して、作家はよく辞書を引くようです。英語にせよ、日本語にせよ、辞書は読むためではなく、書くためにあるのではないでしょうか？　文法も自分の言いたいことをきちんと理解してもらうためには必須です。）

■ 外国語だから辞書と文法を？

　日本語では辞書も文法も使わなかったのだから、英語でも「辞書なし、文法なし」がいいはずだと説くと、かならず返ってくる反論があります。「外国語と母語はちがう」という理屈です。つまり、母語を辞書なし、文法なしで獲得できるのは起きているあいだ中、なんらかの形で母語に触れたり使ったりしているからだ、というわけです。もし日本で英語を母語とおなじように獲得させようとしたら、とんでもない時間がかかる、だから効率を上げるためには辞書と文法が必要だ……。

　これはたしかに理屈が通っているように思えます。まともに反論することはむずかしいように見えます。実際ぼく自身もこの理屈を信じていました。そこで二代目スーパー中学生が現れるまでは、非常に消極的な反論をしていました。いわく「これまでの

＜辞書＋文法＞では成果が上がらなかったのだから、＜辞書なし、文法なし＞でやってみてもいいのではないか」──乱暴な、反論とも言えない反論でした。

■ 外国語だからこそ辞書なし・文法なしで！

けれども先ほど紹介した中学生、そして第4章で紹介する小学生の例が出てきたこと、また上の2人ほど時間をかけていない（大量には読んでいない）人たちの中にも驚くべき伸びを示した生徒たちがいることから、もっと積極的な反論ができるようになりました。つまり、母語の土台があれば、

　　外国語は母語よりもはるかに簡単に獲得できるはず！

と言えるようになったのです。

生徒たちが獲得した「技能」はいろいろありますが、ここでは話を絞って、「辞書なし、文法なし」という読み方が語彙獲得と文法獲得にどんな風に貢献しているかをお話ししましょう。

（なお、ぼく自身は4技能という分け方も、語彙と文法に分ける考え方も疑問に思っています。が、この本では従来の分け方に従っています。）

■ 多読三原則の1：辞書を引かない
──辞書を引かずに獲得したスティーブン・キングの使用語彙

中学1年生でスティーブン・キングが読めるなどということは信じられないことです。本当に読めたのだろうか？　どうやって確かめるのか？　確かめ方についてはまたあとで考えるとして、いまは「読めた」として考察を進めましょう。

もし「スティーブン・キングが読めた」とすると、これはほと

んどあらゆる常識をくつがえすことになります。その中でもいちばんわかりやすい衝撃は語彙でしょう。

くわしく調べてはいませんが、スティーブン・キングの小説を「読める」ためにはどう少なく見積もっても7,000語あるいは8,000語程度の単語を「知って」いなければならないと見られます。そうすると、さきほどのスーパー中学生たちは、ほとんどゼロからはじめて、8ヶ月ほどで7,000語から8,000語にのぼる認識語彙を獲得したことになります。

逆にそんなにたくさんの単語を短期間に覚えられるはずがないとすると、スーパー中学生たちが2,000語あるいは3,000語程度の語彙で *IT* が楽しめたということになり、それはそれでこれまでの読解の定説を覆すことになります。

■ そんなことが可能か？

これまでの常識ではそんなことはありえません。中学１年生が１年足らずで、日本にいながら英語国の中学１年生と同じレベルの本を読めるようになるなどということは考えられないことです。しかも辞書を引かずにそんな膨大な語彙を理解できるようになったなんて……？

まだこうした例は数が少ないので、ゼロからはじめた子どもの中で何が起きているのか、確実なことは何も言えません。５人ほどの「スーパー中学生」に簡単な聞き取り調査を行ったところ、共通点はほとんどありませんでした。日本語の読書が好きだという子どもは１人だけ、国語の成績はばらばらです。共通点としてはどの子も学校の英語の成績がよいこと（これは原因ではなく、結果かもしれない！）、そして多読をしているということだけでした。

けれども調査はごく簡単なもので、たとえば単語の試験をして

こうした生徒たちの語彙力を確かめたわけではありません。いったい何が起きたのか、また起きているのか、いまはまだ啞然としているだけで、いったい何を調べたらいいのかさえ五里霧中なのです。

けれどもぼくとしては2つの仮説を立てています。1つはこれまでにもよく知られていることなので、すぐになるほどと思っていただけそうな気がします。もう1つはかなり大胆な仮説です。

■ それほど大胆ではない仮説

それほど大胆でもない仮説は「母語が外国語の獲得を助ける」というものです。いそいで注釈をつける必要がありますが、これは教室で行われている「日本語で語彙や文法の説明をする」ということではありません。強いて言えば「母語で身につけた＜言葉の根本的な仕組みと働き＞についての知識が外国語の理解吸収を直接助けること」と言っておきましょう。

母語の獲得が外国語の獲得を助けた実例は枚挙に暇がありません。外国に滞在した子どもが驚くほどの早さでその土地の言葉を獲得することについてはみなさんご存じの通りです。非常におおざっぱな言い方をすれば、10歳くらいまでの小学生ならば約1年でその土地の同年齢の子どもたちと（少なくとも学業については）同じように読み書き話す力を身につけるようです。

■ 大胆な仮説

そうすると、多読をした子どもたちについて不思議なのは短期間に英語国の同年齢の子どもたちと同じ（あるいはそれ以上の）読む力をつけたことではなく、「日本にいながら英語国の同年齢の子どもたちと同等の読む力を身につけた」ことなのです。

辞書を引かず、文法を意識せずに大量の英文を読むことが、な

ぜ英語国に滞在しているのと同じほどの効果をもたらすのでしょうか？　そこでぼくは「**語りの力**」というものを仮定したいと思います。「語り」は1冊の本全体を通して世界を作っていきます。ノンフィクションであれ、フィクションであれ、その世界の中で物語や歴史や暮らしが展開します。

　読者は1冊の本全体を読むことで世界を理解し、時間の流れを実感します。フィクションであれば、読者は主人公と1つになって、その世界で起きることを自分のことのように「体験」していきます。

　100万語多読で読む何百冊という本は、それぞれが1つの世界を作っています。そしてその世界を語るのに使われる単語は「単語」ではなく「世界のひとかけら」なのです。その世界の中で、また物語の中で必然的にそこにあるべき「ひとかけら」です。いわばジグソー・パズルのピースのように、あるべき場所とあるべき理由がそなわり、ほかのピースと切れ目なくつながっている、そういう「ひとかけら」なのです。1つ1つの語を、「単語」ではなく「世界のひとかけら」と考えると、100万語多読で獲得される（ように見える）語の驚異的多さがすこしは納得できるような気がします。

■ 疑問の数々

　けれども「すこしは」納得できたとしても、やはり大きな疑問が残ります。「何語読んだらそのうち何語が獲得できるのか？」、「その語彙の規模はどうやって測定するのか？」。また、獲得した数はたしかに驚異的だとして、その質はどうなのでしょうか？

　100万語多読では、学生から「訳せないけどわかる」という感想をよく聞きます。こうした感想に大きな衝撃を受けた英語の先生がいました。「訳せることこそ理解の尺度」と考えていたから

でしょう。訳せることが尺度にならないとすると、つまり多読で獲得した理解の「質」を問い始めると、たちまち「わかるとはどういうことか？」、そして「読めるとはどういうことか？」という根本的な問題にぶつかってしまいます。

こうした問いに、いまはまだ答えがありません。なにしろ100万語多読は生まれたばかりで、納得できる説明が出てくるには相当な時間がかかると思います。成果がこれまでの常識を覆すものだけに、単語テストや和訳、要約といった従来の評価方法ではなく、新しい方法を見つけなければなりません。

いまのところ、ぼく自身の確かめ方はごく簡単なもので、楽しく読んでいれば「理解している」ことにしています。〈Harry Potter〉などは「3割くらいしかわからないけど楽しい」という感想もあります。けれども楽しんでいさえすればいいのです。楽しければ次にまた読みたくなり、そうやっているうちにそれまでわからなかった語もわかるようになります。

多読のあいだ辞書を引かなかったのに語彙が増えたという報告はSSSの掲示板にたくさん報告されています。また、ぼくの授業でも日常的に聞く感想です。辞書を引かずに、どうして「読める」のか？　語彙が増えるのか？　それは文法項目の理解や獲得の仕方と同じだと思われます。次の項で文法の理解と獲得を考えて、当座の答えとしましょう。

■ 多読三原則の2：わからないところは飛ばす
──知らないうちに獲得した仮定法

先生が「辞書を引かずに読めるとはどういうことか？」を考えて苦吟している間にも、生徒たちの読書力は着実に伸びていきます。多読三原則さえ守っていれば、生徒たちには「分かるところをつなぎ合わせて世界を作る力」があるからです。わたしたち教

える側も「わからないところを飛ばす」精神で、理論の構築を待たずに多読を推進していけばよいのだと思われます。

　「わからないところは飛ばす」つまり、「100%の理解を避ける」ことはとても大事なことです。これまで、日本の教育では100%の理解が当然のこととして強調されてきました。わからないところがあると、そこをすっかり解明できるまでは次へ進んではならない……これは日本の学習者の金科玉条でした。そのために多読三原則の「いい加減さ」に抵抗を感じる人は少なくありません。

　けれども人の命にかかわるわけではないので、言葉の獲得には「長い目で見る」――つまり「わからないところをしばらく放っておく」ことはとても大事なように思われます。放っておいて先へ進むと、全体が見えてきて、部分がわかるようになるのです。しかも深く、生きた理解になります。実例を見ましょう。

■ 'It should have been you.'

　「全体から部分がわかる」ことを示すために、さきほどのスーパー中学生を例にしましょう。

　It should have been you. は、これだけ見せられたら、かなり英語を勉強した人にもわかりにくい文だと思われます。けれどもこの文を「語り」の中に戻すと簡単に理解できてしまいます。実際に戻してみましょう。

　この文は映画『スタンド・バイ・ミー』の原作 "The Body" の冒頭に出てきます。語り手は中年の作家で、自分が10才の夏に起きた事件を語りはじめます。その夏、家族は春に年の離れた長男を交通事故でなくしたばかりで、両親は将来有望な長男の死によって絶望の淵に叩きこまれたまま、呆然と毎日を送っています。悲嘆に暮れて自分を省みない両親の様子を見ていると、少年はま

るで自分は両親の眼に映っていないような気さえしてくるのでした。

　そんなある日、少年はときどき父親が入ってじっと物思いにふけっている兄の部屋に入ってみます。すると、兄の幻が現れて、自分に向かって問題のせりふを言うような気がするのでした。

It should have been you.

■ 語りの世界に浸る

　こんな風に小説の流れを説明すると、ほとんどの人が「あ、わかった！」という顔をします。そしてほとんどの場合、「正解」を言ってくれます。スーパー中学生の答えもまさにその正解すなわち「おまえが死ねばよかったんだ……」でした。

　このせりふはもちろん亡霊が語ったものではなく、少年の目に映った両親の心の声でしょう。それだけに少年の切なさが伝わってくるわけですが、"The Body"という小説に浸りきると、こんな「むずかしい仮定法」があっさりわかってしまいます。

　It should have been you. がむずかしく見えたのは、さきほどこの文だけを切り離して提示したからだったのです。上の解説のようにこの小説の世界を説明して、語りの流れを追っていくと、「正解」はいともあざやかに立ち現れてくれます。100万語多読をはじめて5ヶ月のある中学1年生が、偶然ぼくと同じジグソー・パズルのたとえを使って、100万語多読と学校英語の違いを説明しました。「学校の英語はピースを端から順番にはめようとするみたい。多読はどこでもいいから絵になりそうなところからつないでいく……」なんという見事な洞察でしょう！

　100万語多読の効果はいまのところ中学1、2年生にもっとも顕著に表れています。これには3つの理由が重なっていると思い

ます。1つは日本語の理解力が大人に近いところまで発達していること、2つめは、まだジグソー・パズルを端からはめていくやり方になじんでいないので世界の組み立て方が上手なこと、そして3つ目はもっと幼い子どもの持っている「浸る能力」を失っていないことです。大人になると外国語が獲得しにくいと言われますが、それは上の3つの条件のうち、2番目と3番目、とくに3番目が不足しているからではないか、逆に言えば柔軟さを持った没頭できる大人であれば中学生と同じ「奇跡」が起きるはずではないか？ It should have been you. だって、辞書や文法を捨てて全体図から迫れば中学生と同じようにあっさりわかるようになるのではないかと思うのです。

■ いくつも世界を重ねることで……

100万語多読の利点はジグソー・パズルのように世界を組み立てていくことです。"The Body" という小説はそれだけで1つの世界と1つの語りを表現していますが、100万語多読ではこの150ページの小説を1、2週間で読み終わり、次の本（つまりまた別の世界、別の語り）へと移っていきます。つまり次々と本を読んでいくことで、いくつものジグソー・パズルを（まがりなりにも）完成させることになります。

"The Body" の次に手にした本が〈Full House Michelle〉の *Once Upon a Mix-up* だったとしましょう。年齢は "The Body" の主人公と近いものの、世界も物語もまったく違う、軽い家庭劇のようなものです。この短い小説の中で Michelle の学校が学芸会をやることになったけれども、Michelle は劇の主役になれなかったとしましょう。そのとき It should have been me. という文が出てきたら、"The Body" の語りの中の It should have been you. と重ね合わせて、「わたしが主役をやりたかったのに」とい

語の意味を類推することについて

　多読三原則の1番目と2番目はともに「知らない単語」を無視することを意味しています。これは知らない語の意味を類推することもしない方がいいということです。「文脈から類推する」ことは長文問題を解くときには推奨されていることですが、それを否定しているわけではありません。試験でどうしても点を取りたいときには全体の論旨の流れから類推する必要がある場合もあるでしょう。

　ただし、試験に向かっているのではなく、100万語多読をしているときは類推もやめるように生徒に言ってください。その理由はいくつかありますが、まず第一に類推という作業がかなり高度なものであることです。このことをハワイ大学のリチャード・デイ教授は「類推は中級以上でなければむずかしい」と表現しています。

　類推するには読んでいる内容についても、英語そのものについても、かなりの知識を必要とします。内容について十分な知識がある場合は類推も可能になりますが、それでも英語そのものについての知識がないと類推は非常にあてずっぽうになります。逆に英語についての知識はあるが内容について知識がない場合は類推はほとんど不可能になります。つまり類推には内容と英語の両方がある程度わかっていないと無駄な努力になる可能性が大きいと言えます。

　類推はかなり英語が読めたり聞けたりする人ならば一瞬のうちにできます。また類推してわかりそうかどうかの判断も一瞬のうちに行っていると思われます。その場合には類推も、類推放棄もほとんど時間を取らないので、読書のリズムを崩すことはありません。

　一方まだ英語の読書がおぼつかない段階ややっと滑らかに読めるようになったばかりの段階では、類推には相当な時間がかかり、類推を放棄する判断もつかずにいろいろ考え出して、読書のリズムを壊すことになります。辞書を引くことも同じです。読書には快適な速さというものがあり、それを妨げる作業は最小にしたいものです。

う意味であることはすぐにわかるでしょう。

　さらにまた違う本の中で「きのうのパーティーはおもしろかったよ」というような文があって、そのあとに You should have been there. という文が出てきたら、「きみもいけばよかったのに」という意味だということもわかるのではないでしょうか？ こんな風にしていくつかの「should have＋過去分詞」にぶつかるうちに、その役割は文法的な説明などなくてもわかります。

　これが、「全体から部分がわかる」ということの意味です。

　また、「……すればよかったのに」という言葉がぴったりの状況で使われているのを何度か目にするうちに、同じような状況で I should have... が自分の口からもさらっと出てくるはずです。非常におおざっぱな説明でしたが、多読は話す、書くことにも有効なことが推察できるのではないでしょうか？

■ 多読三原則の3：進まなくなったらやめる

　これもまたわたしたちの常識を逆なでする原則です。わたしたちは「やりかけたことは最後までやり抜け」とか、「初志貫徹」などと言われて育ってきました。読みかけの本を途中でやめることは、自分がだめになったような気さえします。ぼく自身がこの原則に反してつまらない本を読み通し、「やめときゃよかった」と思うことがよくあります。電気通信大学の学生で3年間に2万ページ（少なくとも500万語以上！）を超えた学生がいますが、この学生の目下の急務は本を途中で投げ出すことだと思われます。それほどこの第3原則は守るのがむずかしい……。

　この原則は実はとても強力なもので、時間とお金が有り余るほどあれば、この原則だけでペーパーバックを読めるようになるはずです。というのはむずかしかったらすぐやめて次の本にする、つまらなかったらすぐ放り出して次の本に手を出す、ということ

を繰り返していけば、自然に「やさしい本だけを楽しく、長く読み続けられる」はずだからです。

　多読クラスでも結局ぼくのいちばんよく指導する点は「途中でやめる」ことです。したがって、むずかしすぎる、あるいはつまらない本を読んでいる学生を見つけることは多読クラス指導の最大の仕事です。そういう学生はいくつかのサインを出していますから、それを見つけて、やめさせ、読みやすい本を提案します。具体的なサインについては第2章で紹介します。

第4節　多読授業の特徴2つ

　多読の効果について、前節では派手な、目立ちやすい例を取り上げましたが、多読の本当の成果はそれだけではありません。派手な例は「ツボにはまった」例というべきで、実際には外国語学習が「不得意」だった生徒や学生、社会人の成功例も数え切れないほどあります。

　電気通信大学のMくんがよい例です。Mくんは入学のときのセンター試験の点数が100点を大幅に割っていたそうです。入学してから1年間ぼくの多読クラスを受講しましたが、その間ずっと絵本ばかり読んでいました。その数は数百冊にのぼります。そうしたスロー・スターターはほかにも何人も見ていますから特別驚きはしませんでしたが、1年半を過ぎても絵本中心だったときにはさすがに「いつ離陸するのだろうか？」と多少心配になりました。（離陸というのは絵本や挿絵の多いGRを卒業して英語国の子ども向けペーパーバックを読みはじめることを言います。）そのMくんが1年8ヶ月あたりでついに離陸して、〈Magic Tree House〉や〈A to Z Mysteries〉といったペーパーバックを読み

はじめたときは内心ほっとしました。

■ 得意な生徒も、不得意な生徒も歓迎するクラス

得意な人にも不得意な人にもよい効果があるので、ぼくの多読クラスでは実におもしろい光景が見られます。授業中、〈Harry Potter〉を静かに集中して読んでいる学生の隣で、幼児向けの絵本を、同じように集中して楽しんでいる学生がいるのです。そしてどちらもお互いをほとんど気にしていません。先生の役割は読書記録手帳を見ながら助言をするだけです。

その実際については第2章で具体例を見ながら解説していくことにしましょう。ここでは多読クラスの特徴を2点だけ説明します。

■ 特徴1　Affective Filter を取り除く──個別指導！

生徒たちが楽しく英語の本を読んでいくには、アメリカの言語学者 Stephen Krashen 教授の言う Affective Filter を取り除くことがいちばん大事です。Affective Filter とは、生徒たちが英語を吸収しようとする際にそれを妨げるさまざまな心理的障碍のことだと言っていいでしょう。

生徒たちが積極的に英語の吸収に取り組まない理由はたくさんあります。

　発音がわからない
　単語が覚えられない
　文法がわからない
　うまく訳せない
　辞書の引き方がわからない、面倒くさい
　試験が嫌いだ

親が英語は大切だから勉強しろとうるさい
　　授業中当てられてまちがえると恥だ

ほかにもいくらでもあるでしょうが、こうしたことはすべて生徒たちの心の中で壁となって、英語の吸収を阻止します。

■ 生徒・学生の気持ちを楽にさせるために

　上に挙げた障碍のほとんどは多読三原則と多読授業三原則で取り除くことができます。たとえば100万語多読では1つ1つの語を意識する必要はありません。したがって「単語を覚える」という意識的な努力はしなくてもよいわけです。また文法規則を習得する必要もありません。生徒がつらいと感じる壁の双璧とも言うべき負担がそもそもないことになります。

　さらに英文を理解しているかどうかの目安も試験によってたしかめるわけではありません。文法問題を解けるかどうかではなく、楽しんで読んでいるかどうかが目安なので、生徒たちの負担はさらに軽くなります。

■ 一人一人、それぞれの道……

　100万語多読のクラスでいちばん警戒しなければならない障碍は「ほかの生徒・学生と比べること」と「レベル上げのプレッシャー」でしょう。先生がある生徒とほかの生徒を比べることも、生徒自身が自分をほかの人と比べることも極力さけなければなりません。また、先生も生徒自身も早くレベルを上げなければと思ってはいけません。レベルを上げることよりも、読んだ量のほうがはるかに大切です。

　100万語多読のクラスは基本的に個別指導です。クラス全体に対して話をすることはもちろんありますが、クラスの作業の核は

一人一人が自分の力と興味にあった本を静かによむことです。先生は生徒の読書記録を参考に一人一人と話をします。どんな風に指導が進んでいくのか、すこしだけお話ししましょう。さらに包括的かつ具体的な様子は第2章で明らかになります。

　適切な助言をするためにはさまざまな情報が必要です。たくさんの多読用図書について知っていることも大事ですが、学生自身についての情報もそれに劣らず大切です。たとえば本を読んでこない学生がいたら、なぜ読めなかったかをたずねます。(責めているような口調にならないように、軽くたずねます。) 電気通信大学の場合、よくある理由はアルバイトとレポートと部活動です。こうした生活上の理由の場合は心配はいりません。ただ「時間のあるときに読んでこようね」と言って、次の人に移ります。

　心配なのは特にいそがしかったわけではなく、体調も悪くなさそうなのに読んでこなかったという場合です。原因としては、持って帰った本がむずかしすぎた、つまらなかったのどちらかが考えられます。どちらの場合にも持ち帰った本は読みかけのはずなので、やめてほかの本にするように助言します。

　こうして一人一人の学生の暮らしと読んできた本(または読みかけの本)の話をしていると、大学の90分の授業でも40人全員とじっくり話ができません。ぼくの最近の見方では、多読クラスの成否は学生とのコミュニケーションの程度にかかっているとさえ思うからです。

■ 特徴2　絵本からハリー・ポッターまで
　　──多種多様な本を用意する

　さて、多読三原則と多読授業三原則によって、Affective Filter が取り除かれ、100万語多読への道はできたとしましょう。けれどもそれは多読環境の大枠ができたにすぎません。実際に教

室の中で、そして外で「多読が起きる」には多種多様な本が必要です。(導入段階、初期段階、離陸までの段階、さらに離陸後にどんな本が必要かについては第5章を見てください。)

多読用図書にはどんなものがあるか？

100万語多読では初期に大量の冊数を読みますが、もっともよく使われるのは graded readers（GR）です。その名の通り、段階別のシリーズになっており、語彙、文法、1文の長さ、1冊の分量、挿絵の量などを案配して、入門用のごくやさしいレベルから上級はペーパーバック直前のレベルまで揃っています。

GRは大きく2種類に分かれます。1つは英語を外国語として学ぶ青少年や大人向けに書かれたもの、もう1つは英語を母語とする子ども向けにやさしく書かれたものです。

前者の代表的なものに〈Oxford Bookworms Library〉、〈Penguin Readers〉、〈Cambridge English Readers〉、〈Macmillan (Guided) Readers〉などがあります。段階はおもに使用基本語彙の数で表されますが、文法も段階的に高度になっていきます。たとえば〈Penguin Readers〉Level 1 は基本の200語を使って書かれた総語数1,000語に満たない中綴じのシリーズで、〈Cambridge English Readers〉Level 6 は3,800語を駆使して書かれた総語数3万語を越えるシリーズで、大人でも十分読み応えを感じるはずです。

後者の代表的なものは〈Oxford Reading Tree〉、〈Longman Literacy Land〉、Random House 社の〈Step into Reading〉、HarperCollins 社の〈I Can Read Books〉(ICR) などがあり、どれも段階別になっています。絵本または挿絵の多い本に大きな活字で少量の英文がつけられています。

ほかには第5章でもっとくわしくお話ししますが、100万語多読ではこうしたGRを各社とりまぜて使うことにより、なだらかにレベルを上げられるようにしています。

完全に個別指導ですが、導入は常に読みやすさレベル0つまり字のない絵本からです。ただしそこからは、人によって、またこれまでに触れた量の違いによって、レベルの上がり方も早さもばらばらになっていきます。だからこそ本の「品揃え」が多読指導の成否を決める要素なのです。

　中でもいちばんやさしいレベルの本は大事です。第5章で説明するようなレベル0～2の図書がたくさんあるほど、100万語多読の成功率は向上すると言っていいでしょう。本当に深い苦手意識を持っている学生でも、やさしい絵本や manga（日本の漫画の英語版）をたくさん用意しておけば、何時間でも読み続けます。たとえば3ヶ月間 manga を読み続けてから GR に移った学生がいました。

　これまでの「多読」では、授業で扱っている英文よりも少しやさしい GR から読みはじめるのが普通でした。第3章と第4章のの実践例であきらかになりますが、そのレベルからはじめたのでは、ほとんどの生徒は日本語に訳さずに読むことはできません。逆に非常によくできる人は上のレベルからはじめても良さそうに思えますが、出来る人の場合は非常な速さで和訳していることがあります。訳す癖をなくすためにも、レベル0からはじめるといいでしょう。ぜひぜひ文字のない絵本から用意して、英語を英語のまま理解していく習慣をつけたいものです。

■ 絵本から挿絵本へ、挿絵本からペーパーバックへ

　やさしい絵本をたっぷり読むと、次には文字の多い挿絵入りのGRや児童書になります。「おさるのジョージ」の絵本や小学校の国語教科書に翻訳が載っている「がまくんとかえるくん」のお話などはほとんどの生徒に好評です。GR にも、Marcel というネズミの探偵の話や、ゲームブック形式の本など、好評なものが

いくつもあります。

　挿絵入りのGRや児童書は、レベルが上がっていくと次第に挿絵が間遠になり、文字が多くなってきます。そうした本をたくさん読むと、今度は挿絵の少ない児童書、そして挿絵のない子ども版のペーパーバックが読めるようになります。英語国の小学校低学年から中学年向けですが、こうした本を読むようになると、多読指導の最大の山を越えたと思っていいでしょう。まさに「離陸」です。あとはおもしろい本さえ見つかれば（つまり、備えてあれば）生徒たちは自由にペーパーバックの空を飛翔します。

　100万語多読の個別指導は要するにこの離陸のために全力を傾けてきたのです。それぞれの生徒・学生が自分で適切な本を選んで、合わなければやめ、おもしろければ読み進める——そうした自立をめざして教室の対話は行われます。

■ 多読の先にあるもの

　いちばんはじめに「コミュニケーション重視の世の中でなぜ多読か？」という問題提起をしました。答えは、英語の吸収量を増やすため、でした。けれども、100万語多読は日本語に訳さずに、英語をその語順のまま理解していくので、読む速さが1分間100語を超えるあたりから、リスニングにも顕著な効果が表れてきます。典型的な例を最初に紹介したSSSの掲示板から紹介しましょう。

　　聞こえてくる英語も変わってきました。
　スターバックスみたいなところで時間をつぶしていた時に、どこからか、「うちは田舎だからこんなカフェなんてない」とか言ってるおじさんの声がして、顔をあげたら、外国人が英語でしゃべっていたので、ビックリしました。多読を始め

てから、こういう体験が増えてきました。

　これは英語を和訳せずに理解している典型的な例だと思われます。そして、こうした体験談はいくつも報告されています。
　また、書くことに効果が表れた例も報告されています。典型的には「いままでは書きたいことを日本語で考え、それを和英辞典を引きながら少しずつ英作文していたが、100万語多読をはじめてからはときどき言いたいことがそのまま英文になって出てくる」というものです。話すことについても「やさしい単語でさっと言えるようになった」というような報告があります。まだまだ例は多くありませんが、100万語多読はまちがいなく「発信」にも良い効果があると思われます。

■ 受験へ

　多読をはじめたいが高校や大学の入試が気になるという人はたくさんいます。数百万語読んだ生徒・学生はたしかに入試問題でよい成績を上げています。しかし何百万語読めば大丈夫、というような数字はまだ出ていません。ただし、英語は不得意だといって100万語多読をはじめて、いわゆる難関校に合格した人は何人もいます。多読以外にいわゆる受験英語の勉強もしていますから、純粋に多読だけの成果とは言えませんが、少なくとも多読が足を引っ張らなかったとは言えます。とくに長文に対する苦手意識はまちがいなくなくなります。
　また、純粋に100万語多読だけの顕著な例としては、高校卒業後、カナダの大学に入るためにほとんど多読だけで準備した人がいます。この人は2002年3月に高校を卒業して、9月から100万語多読をはじめ、12月には300万語を読み、それから（ぼくの提案で）Cambridge University Press の *Basic Grammar in Use*

と *Intermediate Grammar in Use* という文法問題集をやりました。(楽しくやれたそうです。)その結果、多読をはじめる前に467点だったTOEFLの点数が半年後の4月には547点に上がり、無事2003年の9月に大学に入学しました。この点数は日本のいわゆる難関大学でも楽々合格点の取れる成績です。

■ 6年間のプログラム

そのほかの例から考えても、中学高校で100万語多読を続けて大学に合格するには、中学1年から高校2年までの間に300万語を読み、最後の1年間で英語で書かれた文法問題集を中級まで終えることができれば、まず万全の受験準備になると思われます。高校3年の段階ではおそらく *Newsweek* や *TIME* もかなり読めるようになっているはずです。とすると大学入試に出る抽象的な語は十分親しみのある語になっています。100万語多読は入試英語の長文にはもってこいの準備になりますが、なによりすばらしいことはこの「受験準備」はそのまま大学の専門課程で、あるいは大学を終えてから英語を使う必要があるときに、直接支えとなってくれることです。

ではまるでよいことずくめのような100万語多読を実際に試してみるにはどうしたらいいか——第3章・第4章で実例を参照しながら考えてみましょう。これまでの英語教育とはあまりに違うので、さまざまな障碍を乗り越えなければなりませんが、基本的には「小さくはじめること」で、ほかのことは徐々に解決していきます。課外活動や英語読書クラブや選択の授業からはじめて、成果と手応えをたしかめてから本格的に授業に取り入れるといいと思います。

この本を手にした方の中には、小学校の先生もいるかもしれま

せん。また生徒・学生の英語をどうしようかと考えている中高大学の英語の先生もいるかもしれません。就学前の子どもや小学生に対しては第4章で紹介する実践例の数々が参考になるはずです。また第4章の例は多読指導の根本を示してもいます。それは指導する先生と生徒や学生が共に英語の読書を楽しむ仲間になることです。そのためにも、100万語多読を先生ご自身が体験してみることの大切さを強調しておきます。先生ご自身がやさしい絵本から多読を体験することで、これまで蓄積した語や文法の知識に血が通い、生徒に対して実感のこもった助言ができるようになるからです。そして、1冊の本をめぐって生徒たちと語りあってください。生徒たちには自信となり、先生は生徒たちを親しく知ることができます。

第2章

授業で行う100万語多読の方法

⟨Longman Literacy Land⟩

〈Longman Literacy Land〉

〈Oxford Reading Tree〉同様、英語母語話者の子ども向けの学校教材です。Story Street のシリーズは一貫して同じ登場人物が出てきて、学校の仲間が徐々に成長していくところが特徴です。楽しい話題ばかりでなく、悲しく辛い内容もあり、またファンタジーあふれる話もありで、読み出すと止まらない面白さです。

総語数 0 語（題名のみ）の Foundation Step から始まり、総語数10〜20語の Step 1 から総語数4,000〜5,000語の Step 12 まであります。日本では、Stage 6 までの Audio Pack のみ販売。

第2章

授業で行う100万語多読の方法

　洋書のペーパーバックを電車の中で読んでいる光景は珍しいものではないとはいえ、多くの人は実現できそうもない夢のようなことだと感じているのではないでしょうか。しかし、第1章で示したように、それは決してむずかしいことではないのです。英語で書かれた本を読む楽しみが手に届くところにあるということを、学校という場で生徒たちに伝えるのが100万語多読の授業です。生徒たちが楽しく洋書の絵本、児童書を読んでゆく授業は、先生にとっても大きな充実感があります。

　では、100万語多読を授業に取り入れるにはどうしたらいいでしょうか？　多読授業は従来の一斉授業とはかなり異なります。本章では、まず多読授業の特徴と先生の役割を示した上で、開始する際に必要な準備を説明します。それから、授業のサンプルプランと具体的な生徒へのアドバイスの方法を述べます。

第1節　多読授業の特徴

■ 読みやすさレベル0の本から——文字無し絵本も!

　従来の「多読」と100万語多読が大きく違う点は、**全員に非常にやさしい本を読むことを勧めている**ことです。そのやさしさの基準も通常の学校授業での「やさしさ」と違います。100万語多読では、小中学生はもちろん高校生や大学生や大人でも全員が、題名にしか文字がない絵だけの本や、1ページに単語が1～3語のとても短い文章で書かれている本から読みます。

　SSS英語多読研究会では100万語多読を実践している多くの人の意見で「読みやすさレベル（YL）」を設定しています。読みやすさレベルでは使用語彙が基本語300語以内で総語数1,500語未満を「レベル0」の本としています。文字のない絵本を含むレベル0の本は、100万語多読では非常に大切です。"Hello," "Goodbye," "Excuse me," などがすんなりと話せるのが英会話の第一歩であるのと同じように、読書においても、1ページに単語1つの本から始めるのです。第3章と第4章の実践報告でも、〈Oxford Reading Tree〉、〈Longman Literacy Land〉、〈Step into Reading〉、〈I Can Read Books〉などの英語を母語とする子供向きの絵本を取り入れています。

　レベル0のうち、特に英語母語話者の子ども向きの絵本は、英語圏で日常的に用いられる会話表現に満ちています。日本にいるとなかなか接することができない自然な英語です。ですから、私は自分のクラスで、たくさん読めるようになってレベルが上がった学生にも、ときどきレベル0の本に手を伸ばすことを勧めています。

　また、授業で生徒がみな読みやすさレベル0のやさしい絵本から始めるメリットは、それからレベル上げが続き、気分よく多読

を進められることにもあります。全員が例えばもっと上のレベルの本から読み始めると、一部の読めない生徒だけがレベルを下げ

> ## 多読用図書のレベル分けについて
>
> 　英語学習者向け graded readers の各出版社はそれぞれ使用語彙レベル、文の長さ、文法レベル、本全体の総語数などを制限してレベル分けをしています。たとえば〈Penguin Readers〉の一番やさしい Easystarts では使用語彙を基本語200語にかぎり、主に現在形のみを使った、総語数900語程度の物語になっています。また、英語母語話者の子ども向けGRの〈I Can Read Books〉などは、使用語彙や文章の長さを基準に用いています。このように、レベル分けのしかたは出版社やシリーズによって異なり、その区別を Stage 1、2、…、Level 1、2、…と数字で表したり、Starter、Beginner、Elementary、Intermediate、…と言葉で表したり、さまざまです。
>
> 　この本では多読用図書の難易度の指標として、SSS 英語学習法研究会による「読みやすさレベル」を用いています。レベル0から長編の一般書を含むレベル9まであり、数が少ないほど読みやすくやさしい本を示します。読みやすさレベルは100万語多読の方法で、実際にその本を読んだ人たちの意見を反映して決められ、常に修正が加えられています。評価する人が増えるにしたがってレベル判断も変化し、ある意味で精密になっていくという、日本人英語学習者による日本人英語学習者のためのレベル評価システムです。読みやすさや難易度の感じ方には、語彙レベルと総語数だけでなく、挿絵の割合、文字の大きさ、話の展開などの要素も影響することが報告されています。
>
> 　SSS のサイトの「SSS 推薦・多読用基本洋書のご紹介」http://www.seg.co.jp/sss/review/osusume.html に、読みやすさレベル別に、評判のいい GR と児童書が紹介されていますので、多読用図書の用意の際に参照して下さい。

てやさしい本を読むことになり、本人はがっかりしますし、不愉快な気分でしょう。自分の読める本がどんなものであれ、続けていけば伸びてゆきます。全員にやさしい本から読ませて下さい。

■ 全員が違う本を読む

100万語多読の授業では、生徒が自分のペースで好みの本を選び、教室で**一人一人違う本を読みます**。同じ本をクラス人数分用意して、全員に一斉に読ませるようなことはしません。通常は1タイトルを1冊ずつ、人気のあるやさしいレベルの本はクラスの人数によって2～3冊ずつ用意します。そして、生徒が自分のペースで、様々なジャンルや種類の多読図書の中から本を選びながら読んでいきます。のんびり読んでいく生徒もいれば、早いスピードで冊数多く読む生徒もいます。

一斉に同じテクストを読む授業ではやさしすぎると感じる生徒とむずかしすぎると感じる生徒が混在するという問題点がありますが、多読授業では生徒間の英語力の差は支障になりません。ペーパーバックをすらすら読む生徒の横で絵本を眺める生徒も出てきます。そして生徒一人一人が以前よりも読めるようになっていき、英語がわかるようになっていく、それが多読授業の利点です。また、非常にやさしい本から始めるので、ある程度以上の英語力が開始の条件ともなりません。英語を学び始めた中学校1年のクラスでも開始できますし、第4章では幼児や小学生低学年対象の実践報告を紹介しています。

■ 読書が授業

授業時間のほとんどを読書にあてるのが100万語多読授業の特徴です。皆が読書に没頭するクラスの空気は澄んだものがあります。静かに時間が流れます。声をかけることさえ躊躇する雰囲気

で、そのまま見守りたくなります。教室という場で、生徒が集中して読める環境をできるだけ長く作り出すことが先生の大きな役割です。

　より多く英語を読むには、読書に時間をかけることが大切です。その意味で教室外での多読も奨励しますが、確実に読む時間を授業時間内に充分とることが一番です。特に多読を始めたばかりの段階では、自主的に読み進めることに生徒はまだ慣れていません。まわりの級友たちと一斉に読む環境に身を置いて、まずは周囲に合わせて読んでみるという行動が大切です。

　そうして読んでいくうちに、どのような本を選んだら良いのか、読み方はこれでいいのか、など様々な疑問が出てきます。自分に合う本を選ばないと困難に感じて多読が続かないこともあります。そういう時にこそ、先生の指導、助言が大事になります。生徒が英語の本を読んでいる様子を観察すると、より適切なアドバイスができます。そのためにも、教室で読む時間はなるべく長くとりたいものです。

■ 読む量重視の100万語多読

　「100万語」多読と、語数を掲げているのは、**読む量を重視**しているためです。100万語読めば、英語の読書を自立して行えるようになります。では、実際に教室で100万語読むためにはどのくらいの時間が必要なのでしょうか？　授業中に純粋に多読に集中する時間が週に50分、年間30週とれれば、読書時間は合計25時間になります。平均分速100語で25時間読むと、15万語です。貸出しができる環境で授業外でも読む時間をとると、読了語数はもっと多くなります。従って、1年間の授業期間内に**10〜20万語**達成が一つの目安になるでしょう。最初の1年で100万語を達成するのはむずかしいにせよ、楽しく読み進んで20万語程度を読め

ば、1冊の総語数が多くて、内容的にも読み応えのある本が読めるようになります。そうなれば、100万語多読を達成できる確信を持てるはずです。

より内容が充実した長い本を読めるようになると1週間に読む語数も飛躍的に伸びますから、その後の半年から約1年、つまり始めてから1年半から2年ほどで多くの人が100万語を達成できます。そうすれば、英語の読書が日本語のように楽しいものになり、100万語を通過点としてさらに多読が進み、数年内に英語の一般書、つまりペーパーバックへの道が開けるのです。

第2節　多読授業三原則と先生の役割

■「教えない」──個別指導が基本

多読授業では、生徒一人一人への個別指導が先生の大切な役目になります。個別指導が基本なので、様々なレベルの生徒に対応することができます。一斉に同じ内容の教材を使う授業にはないメリットです。

「教えない」というのが多読授業三原則の1ですが、それは、先生が何もしなくてもいいということではありません。「教えない」のに、多読授業の先生はとても忙しくなります。本の購入、手配、分類をして、授業に備えて用意することはもちろん、生徒の読書状況を把握して一人一人を観察した上でアドバイスすることも、傍目で見るより手間と時間がかかることです。

生徒をよく観察するために、多読授業は少人数が理想的です。45分授業で10人程度、90分授業で20人程度ならば、全員をゆっくり見ることができます。しかし、このような恵まれたクラスサイズの授業はほとんど望めないはずです。クラスの生徒数が多い場

合は、毎回全員を見るのは無理と割り切って、2、3回の授業で全ての生徒にアドバイスすることになるでしょう。あるいは課外の時間も利用して生徒の指導をする時間と機会を増やすのも一方法です。

　授業時間内になるべく多くの生徒を見るには生徒一人当たりの個別指導を手短かにするしかありません。そのために、毎回の授業終了時に読書記録を提出させて、先生は生徒の読書進行状況を把握しておいてから授業にのぞむというやり方もあります。そうして授業中は読んでいる様子の観察にしぼるわけです。いずれにせよ、生徒の人数が多いと、先生は大変だということを覚悟して下さい。読書記録については本章第4節で解説します。

　ただ、先生のほうも慣れてくれば生徒へのアドバイスはより的確に時間をかけずにできるようになります。ですから、40人授業を実施する前に、ごく少人数の課外授業で先生がアドバイスに慣れておくことをお勧めします。

■「押しつけない」――生徒中心の読書活動

　読む本を選ぶのはあくまで生徒本人です。もちろん、どのような本を選べばいいかという先生のアドバイスは大きいのですが、それを読み切るか、やめてしまうかは生徒自身の判断を尊重することが大切です。「進まなくなったらやめる」という多読三原則の3を授業中は強調して下さい。

　先生は生徒に、読みやすく楽しめる本を選ばせるアドバイスをしますが、決して押しつけてはいけません。生徒の個性はいろいろですし、またその日の体調や気分で読める本のレベルも変わります。一時的に無理して読ませても、読書の楽しみが奪われ、嫌気がさすだけで、読めるようになりません。

　私がしてしまった失敗は、英語学習者用GRをかなり読めるよ

多読を指導する人の条件

　本文中でも繰り返し強調されていますが、多読指導ができるための条件はまとめると2つしかありません。それは

　　1．レベル0～3の多読用図書を100万語分読んでいること
　　2．生徒一人一人を見られること

というものです。
　1の「100万語分」はいかにも遠いゴールのように思えるでしょうが、始めて見ると案外近い目標です。それには2つの理由があります。第1に、やさしい絵本からはじめるので英語の本を読む時の気持ちの負担がまったくありません。第2に、気楽に読める本でも楽しく味わえる本はたくさんあります。SSSの書評を参考にしてください。
　そうして楽しんでいるうちに100万語まではあれよあれよといううちに通過して、授業のためというよりはご自身の楽しみのためにどんどん読むようになっているでしょう。第3章の田澤先生や新川先生をはじめ、第4章に寄稿してくださった人たちも、みなさんそんな風にして、「自分が楽しんだ方法で他の人にも楽しい読書をしてほしい」と思った人たちです。自分で読んだ100万語はそのまま指導に役立ちます。1冊の本について、生徒と感想を話し合う——これは多読指導の醍醐味といってもいいでしょう。
　2もまた大事な点ですが、普段から一人一人の生徒に接している学校の先生方には、少しもむずかしいことではないはずです。けれども一斉授業のときにはある時間内にある教程をこなすことになっているので、せっかく先生方の持っている一人一人についての知識や思いやりが邪魔になりかねません。逆に多読授業では一人一人を先生がよく知っていればいるほど細やかな指導ができます。そして多読授業の成功は結局のところ指導の細やかさ次第だと思われます。

うになった学生に英語母語話者向けの児童書を勧めたことです。本人が楽しく順調に読んでいたGRよりも、総語数はずっと少なく字が大きい上に挿絵も多く、よりやさしそうに見える児童書なのですが、学生は「読みにくい」と言います。どうして読めないのか不思議に思いながら、また別の児童書を勧めてしまい、私自身が自分の好みを押しつけていることに気がついたのは少し後でした。学生の読書は停滞気味になり、読書の好調さを失ってしまったのです。

　先生はあくまで「アドバイス」にとどめ、生徒の声に謙虚に耳を傾けて下さい。そうすることで、その生徒が好む本が分かるようになります。

■「テストしない」──楽しくたくさん読む指導

　100万語多読の授業ではどれくらい理解できているかをテストしません。理解度が9割でも6割でも3割でも構わず、読書の楽しみを優先させて下さい。GRによっては巻末や章ごとに練習問題がついているものがありますが、それは飛ばして、本を読む時間に回します。

　授業は英語の本を読むことの楽しさを生徒に伝えることを主眼とします。楽しければ、授業が終わっても英語の本を読み続けるからです。そして、英語の本を読み続けていけば英語力もついてゆきます。努力も大切ですが、読書という楽しい趣味で英語ができるようになることを多くの生徒たちに理解してもらいたいものです。テストで良い点を取るためや人に褒めてもらうためでなく、自分のために英語の本を読むという環境を教室に作って下さい。

　また、「読書量」によって評価したいという気持ちは英語の先生として当然でしょうが、生徒が読んだふりをすることを奨励してしまう恐れがあります。高い評価を得たいと考える生徒が、読

めない本を無理して読んだり、読んでいない本を読んだと報告したりするかも知れません。そういうことをしても何もならないのならば、生徒は自分のペースで読みます。読んだ量で評価するのは避けるべきです。

しかし、学校授業では成績をつける必要があります。読書量や理解度テスト以外で評価するにはどうしたらよいでしょうか。第3章の「多読授業実践報告」で具体例を紹介します。ぜひ参考にして、読書の楽しみを損なわないように、学校と生徒にあった評価方法を工夫して下さい。

第3節 多読授業をはじめるにあたって

■ 多読に必要な図書の冊数

多読授業では大量の種類と冊数の英語の本が必要になります。特に最初の段階では、1〜5分程度で読み終わる本を読むので、授業内だけで一人が数十冊読むことを想定しなければなりません。40人クラスの場合、生徒一人が一度に5冊を自分の席に持って行ってよいことにすると、最低200冊必要になりますが、実際はその倍はないと本を選ぶことができなくなってしまいます。また、自宅や授業以外の時間でも読書することを奨励したいので、一人3冊貸し出しすると、1回に120冊の本が持ち出されることになります。

洋書は以前と比べると随分と安く入手できるようになりましたが、それでも1冊500〜700円くらいします。1,000円を超えるものも中にはありますから、本の購入にかなり費用がかかります。

40人授業で週1回通年の授業の場合、以下の約500冊の読みやすさレベル0〜2の基本図書を最初から用意して、その後、200

冊程度（約10万円）の図書を生徒の進度によって補充してゆくとよいでしょう。全部で約700冊、約42万円の図書費（一人当たりおよそ１万円）が必要になります。

●基本図書：読みやすさレベル０
〈Oxford Reading Tree〉Stage 1～Stage 9
〈Longman Literacy Land〉セット
約150冊 ……………………………………………………約15万円

〈Penguin Readers〉Easystarts（30冊）
〈Oxford Bookworms〉Starters（20冊）
〈Macmillan (Guided) Readers〉Starter（10冊）
約60冊（又は２冊ずつ120冊）　………約3.5万円（７万円）

〈I Can Read Books〉Level 1～Level 2
〈Step into Reading〉Step 1～Step 3
約50冊………………………………………………………約３万円

〈Penguin Readers〉Level 1
約35冊………………………………………………………約２万円

●基本図書：読みやすさレベル１～２
〈Cambridge English Readers〉Starter～Level 1
〈Oxford Bookworms〉Stage 1
〈Macmillan (Guided) Readers〉Beginner
〈Penguin Readers〉Level 2
約180冊 ……………………………………………………約11万円
（補充）　約200冊 …………………………………………約６万円

（参考：『英語教育』（大修館書店）2004年２月号 p.12
　　　　古川昭夫「多読授業を始めるのに必要な本」）

リストのうち、レベル0中心の約300冊の図書は、幼児から大学生まで、生徒の年齢、英語力、そして人数に関わらず、どのクラスでも必要です。レベル1あるいはレベル2以上のGRが図書館に既に備え付けになっている学校は多いのですが、100万語多読をはじめるのでしたら、レベル0からの上記のシリーズをぜひ準備して下さい。

　SSS英語多読研究会の古川昭夫先生は、次のような計算式で1年間の多読授業用に必要な本の冊数を出すことが可能だと考えています。

　500冊＋5冊×生徒数（生徒100人まで）

　そして、同じ図書を別のクラスにも使い回すことができれば「効率」はよくなります。ただし、同じ時間帯に多読クラスがある場合は、クラスごとにこの冊数がいります。つまり、40人ずつの2クラスの多読授業が別の時間に授業があれば、500冊＋5冊×80＝900冊（約54万円）となり、同じ時間帯の場合は（500冊＋5冊×40）×2＝1,400冊（約84万円）になります。

　最低限揃えたい多読用図書の種類と冊数の目安を示しましたが、しかし、どれだけあればもう充分ということにはならないはずです。様々なレベル、そして様々な生徒の好みに対応するためには、さらに多くの種類の本の追加、補充がいります。また、どんなに冊数があっても生徒が読まなかったり、読めなかったりしたら、無いも同じで、生徒の好み、趣味に合う本を常に探して補充したいものです。（SSS英語多読研究会 http://www.seg.co.jp/sss/ では多読用図書の選書、アドバイスも行っています。）

■ 図書のレベル分け

　多読用図書は、総語数、使用語彙、文章の長さ、トピックなど

により、やさしさ、そしてむずかしさもいろいろです。「読みやすさレベル」で分類して、一見して分かるように、本の目立つところ（背表紙、おもて表紙の角など）に色別のシールを貼るとよいでしょう。そうすれば、生徒が本を選びやすくなります。

『快読100万語！――ペーパーバックへの道』の色分けと必ずしも同じではありませんが、

　　　レベル０…ピンク
　　　レベル１…赤
　　　レベル２…橙
　　　レベル３…黄色
　　　レベル４…緑
　　　レベル５…青

という大まかな対応になります。

あるいは、本のレベル、総語数、ジャンル、お勧め度、備え付け場所などの情報を記入したラベルを本に貼るという方法もあります。

■ 本の置き方、見せ方

100万語多読授業では、授業時間の大部分を読書にあてるので、多読をする生徒のすぐそばに大量の英語の本がある環境が必要です。生徒一人一人が自分のペースで読み、読み終わった本は戻し、続いて読みたい本を選んで席に戻ります。先生も多くの本を前にして、その中から生徒に合いそうな本を選ぶアドバイスをします。

図書の貸し出しは、授業用の図書に加えて図書館の蔵書の両方でできると理想的です。授業のたびに教室に運び入れる図書の他に、教室（学級文庫）や図書館に備え付けてあると、授業外も自主的に多読が可能になります。多読サークルでしたら、教員室や研究室に多読コーナーを作れば始められます。

そして、生徒たちが選びやすいように本の置き方、見せ方も工夫して下さい。本のレイアウトの手本になるのは、書店の展示の仕方です。環境によって限られますが、本がよく見える方が、注目を集めますし、本がより魅力的に見えるものです。

a）本棚（図書カート）に並べる──背表紙が見える
b）平積みにする──本の表紙が見える
c）表紙が見えるように立てる──1冊の本の表紙が全部見えるので特にお勧めの本向き

▲ 本棚やカートに並べた例。背表紙には色別のシールが貼ってある（電気通信大学）

■ 適切な教室環境

意外と盲点になるのが、教室の広さです。**多読授業は通常より広い教室、あるいは通常の教室に少なめの人数の生徒**という環境が適しています。生徒どうしがくっついて座るような教室では、定員内であっても多読授業には手狭に感じます。教師が個別にアドバイスできるように生徒と生徒の間に入って行けること、本を取りに行ったり戻したりしても他の人たちに邪魔にならないこと、

また読書に一人没頭できるようにあまり他の人に身体がふれないことを考えると、広めの教室でゆったり座ることができる環境が望ましいのです。

　教室が特に広くない場合は、一人5冊ずつ手元に置くのではなく、数人のグループごとに本を渡し、グループ内で本を回し読みさせることをお勧めします。例えば6人で机を向かい合わせにして（30冊でなく）20冊を真ん中に置いて回し読みをすると、生徒一人一人が本を選びに席を離れずに済みます。特に、多読授業を開始したばかりで、数分で読めるとてもやさしい絵本を全員で読む場合は、すぐに本が足りなくなってしまうものですが、この方法ですと多少の本の冊数不足は補うことができます。

■ 本の量で決まる授業形態——本の数が少なかったら……

　多読授業の成否は、本の冊数、種類の豊富さにかかっていると言っても言い過ぎではありません。しかし、予算が足りなくて本が少ない場合も多いと思います。徐々に年月をかけて本を増やすことに努めると同時に、とりあえずは、以下のように授業形態を工夫するといいでしょう。

ａ）少人数にする

　特に多読授業開始当初は、少人数にすることを強くお勧めします。少人数の演習科目や選択科目、有志による読書サークルで実施してみて下さい。丁寧に生徒の指導ができることがプラスです。

ｂ）短期間の授業、あるいは、授業の一部のみの短時間にする

　本が足りないと、通常の授業で全ての時間を多読にかけるのはむずかしくなります。1学期だけの授業、短期集中講座、あるいは授業時間内の短時間で100万語多読の紹介をするだけでしたら、本は少なくてもできます。当然、成果は上げにくくなりますが、当分は仕方がないことです。

c）貸し出しをしない

これは大きなマイナスです。生徒の進歩が小さいことを覚悟しなければなりません。しかし、授業時間のみの読書でも、通常の授業よりも多くの英語を読むことはできます。

第4節　読書記録の方法

読書記録は本人のため

多読を続けていると、読める本が増えてきて、より長い本、よりむずかしい本が読めるようになります。100万語多読の進歩はごく自然なものなので「『いつの間にか』読めるようになった」、「今日読んでみたら、簡単に読めた。なぜ今まで読めなかったか、わからない」と言う感想も聞かれます。はたから見ると大きく進歩しているのに、当人にとっては感慨が無いことすらあります。そういう時に、読書記録があると、以前に読んでいた本のリストを見て、進歩に気がつき、多読の効果を確信することができます。やり続ければ、どんどん伸びるのだ、そして確かに伸びたという実感を持つことは、授業が終了しても自分から英語の本を読む行動につながります。

読書記録上で読んだ本の冊数が増えていくのはうれしいものですし、読了語数を記録してゆくと、まずは10万語、次に30万語と、生徒自身にとって、徐々に高い目標を定めて読んでいく励みになります。

このように読書記録をとることは生徒にとって大いにメリットがあります。授業のためにつけるのではなく、あくまでも生徒自身の励みのための記録として活用するように勧めて下さい。

■ 何を記録するか？

　『めざせ100万語！読書記録手帳』(SEG 出版／コスモピア発行) は GR 単語数リストと読みやすさレベル別多読基本図書の解説がついていて便利です。他に、クラスにあった読書記録用紙を先生が独自に作ってもいいですし、エクセルなどパソコン上での記録も考えられます。

　読書記録の内容は以下の事柄があげられます。しかし、全部は不要ですし、大いに手間がかかってしまいます。記録とりが負担にならないように、そして読書時間を減らすことにならないように、適当に取捨選択して下さい。

1．日付
2．本のタイトル
3．本のシリーズ名（とそのレベル）

　GR や児童書 GR のレベル分けにはそれぞれ特徴があります。〈Penguin Readers〉というシリーズは Easystarts から始まり、Level 1〜Level 6 のレベルがあり、〈Oxford Bookworms〉には Starter, Stage 1〜Stage 6 があるという風に、多読用図書のシリーズとそのレベルを意識させることは、生徒が一人で本を選ぶ時に役立ちます。また、生徒が読んだシリーズとそのレベルが分かると、先生はレベル上げ、あるいはレベル下げのアドバイスの参考にできます。

4．読みやすさレベル、あるいは語彙レベル

　SSS 英語学習法研究会の読みやすさレベル（YL）は全ての GR や児童書などを統一した基準でレベル分けしようとするものです。どれくらいのレベルの本を読んだかは、生徒自身の励みになりますし、レベルの上げ下げのための大切な情報です。また、英語学習者用 GR ではシリーズのレベルごとに使用語彙レベルが設定されていますので、それを記録することもできます。英語学

習者用 GR を中心に多読を行う場合に参考になります。

5．語数、あるいは冊数、ページ数

多読用図書の総語数については、SSS のホームページで調べることができます。『めざせ100万語！読書記録手帳』には主要な英語学習者用 GR の語数リストが付録に載っています。

語数は最初のうちはほとんど伸びませんが、長期的には読む本のレベルが上がれば、飛躍的に伸びてゆき、励みになります。ただ、多読を始めたばかりのときに語数を意識し過ぎると無理して長い本を選んでしまうことになりますので、要注意です。はじめは語数よりも冊数を増やすことを奨励して下さい。冊数が増えれば語数が増えますし、いずれは読める本も増えてゆきます。

語数カウントには途中でやめた本も含めるといいでしょう。全部読めなかったら、読めた分だけの（例えば、本の4分の1）語数を記録すればいいのです。多読三原則の3「つまらなければ（または、進まなくなったら）やめる」がやりやすくなります。

また、同じ本を再び読んでもいいですし、語数もそのたびに記録させて下さい。時をおいて同じ本を読むと、前よりも順調に読めて進歩を実感できます。

6．感想・内容

あまり長い時間をかけないように感想は短くするといいでしょう。日本語の方がストレスがなく短時間で書けますが、一部の単語を英語で書いてもいいと生徒に伝えることは大切です。動物の名前など、大体の意味はつかめるけれど日本語でどう言うのかわからない言葉もあるからです。

7．先生のコメント

本や生徒の読み進め方について、先生がコメントを書くことも、生徒にとっての励みになります。コメント用に1ページまたは1枚に1カ所欄外などにスペースを確保しておくとよいでしょう。

8．本を読むのにかかった時間（分速○語）

　通常は読むスピードを計測する必要はありません。ストップウォッチを片手に読むのは不自然なことで、勧められません。あくまで自分にとって快適な速度で読むことが大切です。

　ただ、本を読むスピードは多読指導に役立つ情報にもなります。第6節で生徒の読書スピードを観察してのアドバイスの方法を紹介します。（なお、分速を測定する場合はレベル1以上の本にして下さい。レベル0の本は挿絵の部分が多いので、絵を眺める時間も必要で、読むスピードを測るのには適していません。ゆっくり挿絵とともに英文を味わいながら読ませましょう。）

■ 読書記録を全くとらないケースも

　ただし、読書記録を全くとらないということも選択肢の1つです。ごく短期間の多読授業で、英語多読の概説と体験のみにする場合もあるでしょう。また、総単語数が0～20語程度の非常に短い本の場合、読むたびに記録をつけるのは手間がかかるので、記録しないというのも一方法です。

第5節　授業サンプルプランと多読三原則の指導

■ 授業プラン

　一回の授業時間は45分以上を想定して多読授業の最初の5回のサンプルを示します。授業時間がこれよりも長い場合は、読書時間にあてます。先生の説明は簡潔にして、多読になるべく長く時間を取るようにします。

第1回
○ 100万語多読授業の説明……その効果、目標、多読三原則を紹介
○ 本の紹介……読みやすさレベル0〜2　見せるだけ
○ まず一冊、辞書を用いずに読んでみる
○ 〈Penguin Readers〉Easystarts（総語数900語）を1冊ずつ渡して読ませる。10分後、読むのをストップさせ、どこまで読めたか確認する。

　→読めなかった場合、途中までの場合──これが多読で数ヶ月後に読めるようになると話す。今は読めなくても大丈夫。（読めないと生徒自身が判断したら、10分を待たず、その場でやめさせる。）

　→最後まで読めた場合──簡単に読めたら、さらにこのシリーズあるいはレベル0の後半の本を勧める。

○ 多読三原則の1の解説……「辞書は引かない」＝「和訳しない」和訳の弊害、英語と日本語訳が対応しないこと、英語を英語のままイメージで理解することの重要性など
○ レベル0の絵本を読んでみる……生徒をグループに分けて、〈Oxford Reading Tree〉Stage 1〜Stage 4 を回し読みさせる。和訳しなくてもイメージで分かることを納得させる。
○ 自己紹介、アンケートなど実施

第2回
○ 多読三原則の2の解説……「わからないところは飛ばす」＝「わかるところをつなげて理解する」英会話も同じ。全体のメッセージを把握することの重要性
○ レベル0の本をたくさん読む（回し読み）……辞書なしに慣れる
○ レベル0の本のシリーズの紹介……〈Oxford Reading Tree〉, stage の見方の説明

○ 読書記録のとりかたを説明

第3回
○ 多読三原則の3の解説 ……「つまらなければ(または、進まなくなったら)やめる」ことはより長い本を読むときに大切になると伝える。無理して読まないこと。
○ レベル0〜1の本をさらに読む(回し読み)……辞書なしに慣れる
○ 読書記録をとり始める……最初は語数よりも冊数を増やすことが大切
○ レベル0〜1の本のシリーズの紹介……GRのレベルの見方の説明

第4回
○ レベル0の長めの本、レベル1の短めの本を導入
○ 多読三原則の確認
○ 個別指導……本の好き嫌い、多読三原則ができているかどうか、疑問点はないか、楽しく読めているかどうか、無理をしていないか、さらにレベルが上の本を読むべきか、どんな本が好きか、本の選び方
○ レベル0〜1の本のシリーズの紹介……児童書/GR

第5回以降
○ 生徒の読書状況を見て、本の補充
○ レベル0の追加、レベル2導入
○ 新しい本、シリーズの紹介
○ 個別指導……読めることよりも楽しむことを重視
○ 多読三原則の確認
○ 好きな本の発表、本のリクエストをさせる……紹介する本や新たに導入する本の参考にする。

■ 多読三原則をどのように指導するか？

(1) 辞書はひかない

　読書中には辞書をひかないことを徹底させて下さい。辞書をひきたいと希望する生徒には、授業が終わってから認めればいいでしょう。辞書をひかないメリットは次の通りです。

1）自然な読書の流れを妨げない。
2）英語を英語として理解できる。
3）単語の意味を確認して分析しながら読む癖がなくなる。
4）難しすぎる本を読まなくなる。

　多読授業の開始時は、生徒から「この単語の意味が分からない」と質問が出る場合があります。そういう場合は、単語の訳にとらわれていると思われるので、原則として答えずに多読三原則の2を伝えて下さい。発音の質問には答えてもいいと思います。

(2) わからないところは飛ばす

　わからないところは日本語の読書でも必ず出てきますが、母語の場合は無意識にとばしているものです。「わかるところをつなげて読む」と言ってもいいでしょう。わかるところが大部分ならば、理解できるはずです。ところどころわからない単語や表現があっても、よく使われるものであれば、多読を続けているうちに何度も出会うことになり、漠然とイメージ、意味がつかめていきます。逆に、滅多に使われない言葉、珍しい言葉である場合は、わかる必要はないのです。いずれにせよ、飛ばせばいいことになります。でも、もし、わからないところばかりで困るというのならば、多読三原則の3を確認します。

⑶ つまらなければやめる

　つまらなく感じたら、あるいは、わからなくなったり、長く感じたりしたら、即座にその本を読むのをやめるように強調して下さい。楽しく読めなければ、多読は続きません。わかる楽しさを感じる本を勧めましょう。「頑張り」は禁物であることを生徒に理解させるのは結構大変なので、生徒から本を取り上げることも時には必要になるくらいです。詳しくは第6節で解説します。

　やさしく、すらすら読める本ばかり読んで上達するのかという疑問は当然かも知れませんが、100万語多読を実践すると、それがとても有効な方法であることがわかります。やさしくて短い本をたくさん読んでいくと、少しずつ、やさしくて長い本が読めるようになります。やさしく長い本をたくさん読むうちに、英語の構造、感覚というものが身に付き、徐々にレベルの高い本が読めるようになるのです。

　何よりも、**英語を頭の中で日本語に直しながら読むくせがなくなれば、読書スピードも読む量も増えていきます**。日本語を介さずに英語の世界に浸ることができれば飛躍的に読めるようになります。授業のたびに進歩を感じるほどではないでしょうが、続けていくと、前は読めないと思っていた本が読める時がきます。ですから、無理なく楽しく続けることを大事にして下さい。

第6節　生徒をよく観察しよう

■ 読書に集中しているかどうか判断する

　授業時間を英語の読書にあてることにより、先生は生徒の読む様子をよく観察することができます。実際に本を手にして読んでいる姿を見ると、読書に集中できているかどうかが大体分かりま

す。集中している場合は、生徒自身、本を読むのが楽しいはずです。また、そうでない場合は、適切な本を選べていない可能性が大きいと思われます。なぜ読めないのか、なぜ楽しめないのか、先生は、より注意深く観察し、適切なアドバイスをする必要があります。

　読書に夢中になっている生徒の姿には特徴があります。まさに自分と本だけの世界に入っているのです。

1）身体をほとんど動かさず、同じ姿勢でいる。
2）目立った動きをしない。
3）穏やかな表情で読んでいる。
4）本に没頭すると、他の生徒に背を向けることもある。

　全員が静かに読書に集中していると、教室の空気も澄んだものになります。図書館で読書がはかどるのと同じことで、そういう雰囲気は他の人にも伝わり、より集中しやすくなるものです。一人で読むとのはまた別の良さが教室での読書にはあります。

　では、集中できていない生徒の特徴はどうでしょうか。一言で言えば「動き」が目立ちます。

1）先生と目が合う。
2）おしゃべりする。隣の人に声をかける。
3）やたらに身体を動かす。
4）頭を抱えている。眉間に皺がよる。

　読書に集中できていない場合は、その原因を探り出し、適切な読み方、適切な本を先生がアドバイスする必要があります。必ずしもそれでうまくいくわけではないので、しばらく様子を見続けて、本人の声に耳を傾け、新しい本で楽しく読書ができるようにしむけて下さい。

■ 生徒の読書スピードを見る

　読書の速度は、順調な読書ができているかのバロメータになります。第4節の読書記録の方法の中に読書速度の計測がありますが、通常は先生が生徒の読む様子を見て、読書スピードを判断するのがいいでしょう。1分間に100語〜150語ならば適切です。10秒で20語前後です。あるいは、生徒が開いているページの英文を**横から先生が目で追って**、本人がページをめくるタイミングが早すぎるか遅すぎるかで見極めることもできます。もちろん絵本の場合は、挿絵をながめる時間も充分とる必要がありますから、文字を読む時間だけではなくなります。読書のスピードが、早すぎたり、遅すぎたりしたら、生徒に調子を聞いてアドバイスして下さい。

⑴　**読書のスピードが速すぎる場合**

１）もっと上のレベルの本も読める

　読み方が速い場合は通常、さらに上のレベルの本を勧めるといいでしょう。やさしい本に読み慣れて、レベル上げの時が来てい

▲ 平成国際大学神田クラス──本は手に取りやすく表紙を見せて配置

るのです。簡単な本ばかりでも飽きてしまうので、もっと長く内容が充実した本も読ませて下さい。急にレベルの上の本を読み始めると一時的に読書スピードは少し遅くなりますが、読み進めていくうちにスピードが上がってきます。また、レベルが違う本を混ぜて読むと、すらすら読める楽しみと、内容をじっくり味わう読書の両方の良さがあります。

2）急いでいるか、とばし過ぎている

　生徒に、急いでいないか聞いてみましょう。多読は楽に、そして自然に読むことが理想で、急ぐことはないのです。生徒が先生の質問に答えて「飛ばし読み」をしていると言ったら、要注意です。飛ばすところが多すぎる、つまりわからないところが多すぎるのかも知れません。「わからないところを飛ばす」ですが、わからないところばかりの本でも全部飛ばして、ただ字面を追うだけの大胆な生徒も中にはいます。とくに絵本は、絵を眺めるので、あまり早く読めるものではありません。ゆっくり読むように言って、もっとやさしい本、簡単に読めて面白い本を渡しましょう。これは逆に読む本のレベルを下げた方がいいケースです。

(2) 読書のスピードが遅すぎる場合

1）本がむずかしすぎる

　本がむずかしすぎて読書スピードが落ちている場合は、読む本人も苦痛を感じていることが多いようです。字面の上を目が泳いだり、視線がさまよったり、うつろなまま目が止まっていても、それでも辛抱して頑張って読もうとしているかも知れません。生徒にとってむずかしいレベルの本、あるいは長過ぎる本を読んでいるはずなので、もっと気楽に読める、やさしく短い本を読むように勧める必要があります。100万語多読では無理な努力は逆効果です。楽に、楽しく、そして長く続けることで、読めるように

なります。「**いずれ読めるようになるから、今はおあずけ**」ということで読むのを途中で止めさせて下さい。

　また、ページを行ったり来たりして、あるいは、ページを戻ったりして、読書のスピードが落ちている場合もあります。ページを戻ってしまう場合は、内容がわからなくなってきている可能性もあります。もっとわかりやすく読みやすい本を勧めましょう。

2）頭の中で訳読をしている

　読書のスピードが遅い場合は、本の選択と同時に、読み方に問題がある場合もあります。頭の中で逐語訳、和訳をしながら読むと時間がかかりますし、訳語がうまく浮かばないところで中断してしまい、順調な読書ができません。和訳をしないで英語を英語として理解することの重要性を強調したいものです。「わからないところは飛ばす」ことは「わかるところをつなげて読む」ことですし、またわからないところで立ち止まらないことも大切です。

　初期の段階では一定の速度で、**指で英文をなぞりながら読むこ**とを勧めてもいいでしょう。読んでいる英文を指でなぞり、わからないところが出てもその指を止めないで読み続けるのです。イメージ、雰囲気が分かって、ストーリーを追うことができて、楽しければ読み続けて、楽しくなくなったらやめるように言いましょう。なお、先生は、生徒に指でなぞらせることで、わからない単語で止まって考え込んでいないか、チェックができます。

　また、わからないところでつい考え込んでしまったり、戻ったりする癖がある場合、**朗読 CD を聞きながら読む**ことが助けになります。生徒にとって適切な速度であれば、朗読にひっぱられて戻らないで読むことができます。

■ 生徒に調子を聞く

　生徒が読書する様子を観察し、読むスピードを確かめ、そして生徒に調子を聞きましょう。意外と思われるでしょうが、多読授業で安心なのは「読めない」という声です。そういう生徒には先生側で配慮、アドバイスができるからです。しかし、「読める」という生徒は、ついそのままにさせてしまって、実際はうまく読めていないということが見過ごされがちです。自分から「読めない」と言いにくく感じている可能性もあるので、生徒が集中して読んでいるか、先生は、生徒の姿勢や読んでいる様子で判断することも必要なのです。

(1)　要注意のコメント

　読んでいる途中の本に対しての要注意の生徒のコメントは「**大丈夫です**」、「**意味はわかります**」といった言葉です。「**読めます**」も同様に、全然楽しくないけれど**読まなければならないと思っていると出てくる**言葉です。そうすると、いつまでたっても辛いだけで、読めるようにならない恐れもあります。そして、本の感想を聞いて「つまらない」も当然そうですが、「長い」というのも義務感で読んでいるだけで面白くなく感じているはずです。

　自分にあっていない本を読んでいる場合は、読書に集中できません。本の選び方が分からないか、または、自分が楽に読めるレベルが分かっていないことが考えられます。100万語多読は通常の英語の精読授業で読む本と全く違うレベルの本を読むので、生徒本人も最初は「自分で読めると思っている本」と「実際に辞書無しですらすら読める本」のギャップに苦しむことがあります。つい、無理に高いレベルの本を選んでしまうのです。あるいは、他の生徒の手前、見栄を張って長い本を手にするかも知れません。また、最初の2、3行だけ読んでやさしく「読める」と判断して、

きわめて長く難しい本に挑戦してしまうこともあるでしょう。

多読三原則の3「**つまらなければやめる**」**は実はとてもむずか**しいものです。特に教室という環境での今までの常識は「最後まで読み通す」ことだったはずで、全く逆なのです。いくら説明しても「途中でやめること」はよくないことだという思い込みが先生と生徒の両方にありがちで要注意です。生徒が手にしている本について「長いけれど（あるいは、ちょっとむずかしいけれど、あまり面白くないけれど）わかる／大丈夫／読める」という返事があったら、その本をゆっくりと取り上げてみて下さい。そうすると、読むと言っていた生徒自身が「やめていいのですか？」と安堵の表情を浮かべるものです。このように「**つまらなければやめる**」**ことを先生が言葉**だけでなく、**態度で示す**ことはとても大切です。

(2) **望ましい生徒の言葉**

生徒からの返事が**内容に関する**ものでしたら安心できます。第3章の実践報告で黛先生も書いていますが、読めるということよりも、本の内容が面白い、このキャラクターが変わっている、話が意外な展開だ、など、内容についての感想が出るようなら、順調に読めている証拠だからです。

そして、「**つまらない**」**というのも好ましい返事**です。そういう本はやめればいいですし、本人も多読三原則の3がわかっていると言えるでしょう。読めていないから「つまらない」というケースもあるでしょうが、読めるけれど内容がつまらない場合もあります。「**こういう本が読みたい**」**と言い出したら、しめたもの**です。英語の読書が順調に進むためには、自分から読む意欲が必要です。「もっとやさしい本が読みたい」「もっとむずかしい本が読みたい」「推理小説がいい」「ノンフィクションが好き」など、

本のリクエストをどんどん言ってもらいたいものです。

　以上のことから、先生は「読めていますか？」と質問するよりは「面白い？」「それはつまらないのでは？」あるいは単に「どう？」と聞くとよいでしょう。理解できる本を読むことが大切です。適切なレベルの本かどうかのバロメータは楽しめるかどうか、です。

第7節　生徒へのアドバイス

　多読三原則を理解し、適切な本を選び、読み続けることができる生徒は順調に伸びてゆきます。多読用図書が充分にあれば、ほとんど先生の助け無しで、自立して読めるようになる人もいます。しかし、全員がすぐにそうなれるわけではありません。ここでは、特に先生のアドバイスが必要な場合について考えます。

■ レベルを上げるタイミング

　100万語多読を行うとまず驚くのは、読める本がどんどん変わることです。以前、無理だと思われた本が読めるようになるのです。ただ、1回ごとに伸びるというよりは、その伸びはある日突然やってきます。そして、何日も何ヶ月も同じで変わらないこともあります。**短期間に伸びなくても先生も生徒も焦らないことが**大切です。続けることが大切で、とにかく読み続けていけば、必ず伸びる日が来ます。楽しければ続けられますから、まずは勉強ではなく、英語の読書の楽しさを生徒に実感させて下さい。もっとレベルの高い本を読んで欲しいと思っても、無理をさせずにやさしい本を読み続けていけば、いずれ「離陸」して、上のレベル

が読めるようになります。第5章「多読クラスの四季——多読用図書案内」で生徒の伸び方に合わせたGRや児童書シリーズを紹介しますので、参考にして下さい。

　レベルを上げるタイミングに関して、一番いいのは生徒自身がより上のレベルの本に手を伸ばすのを待つことです。教室には生徒たちが主に読んでいるレベルの本に加えて、少し上のレベルの本も用意して下さい。「読めない」と最初は思っても、しばらくすると「読めるかも知れない」「読んでみたい」に変わっていくものです。やさしい本をたくさん読んでいくうちに、長い本に対する抵抗感は無くなっていきますし、実際に読めるようになっています。

　生徒の中には背伸びする者とは逆に、レベルを上げることに躊躇する慎重すぎる生徒もいます。既に同じレベルの本を大量に長い間読み続けているようでしたら、先生からより上のレベルの本を勧めてみるとよいです。自分が読めるような本が他にどんなものがあるか分からないこともありますから、本に詳しい先生のアドバイスは大切です。ただし、読めないとがっかりするものですから**「まだ早いかも知れないけれど」と前置きして、その場で試しに読んでもらいましょう。**

　読めるかどうかの判断がつくのは生徒本人です。読みたいと思ったら挑戦して、読めなければ戻ればいいのです。いずれは読めるようになります。誰でも経験があるでしょうが、無理して読んで挫折した本というのはもう二度と手にする気がしません。でも、さっと見て諦めた本ならば、「いつかは読んでみよう」と思うものです。

　また、**レベルが上の本を読み始めたばかりのときは、読書の調子のよい流れが失われる**ことがあります。読めても少し疲れたりするのです。そういう時は、続けてその上のレベルの本を読み続

けるのではなく、ずっと下のやさしい本をいったん読むと、なめらかに本を読む感覚が戻ります。またそのやさしい本も以前と比べてすっと読めるので、進歩を実感できます。それから、また上のレベルへ戻るのです。そうして徐々に上のレベルの本が滑らか

チャンプルー読み

レベル上げのタイミングは100万語多読をはじめた人はだれでも気にする大きな問題です。初期だけでなく、100万語を超えて200万語、300万語と読んだ人でもレベル上げのタイミングに悩むことがあります。具体的な指導の仕方は本章に書いてありますが、ここでは「レベル上げ」と「進まなくなったらやめる」の両方に効く「チャンプルー読み」を紹介しましょう。

これは同時にいくつかのレベルを混ぜて読むことを言います。たとえばおもにレベル2を読んでいるなら、それより読みやすいレベル0と1と、むずかしいレベル3以上を同時並行で読んでいきます。そこで「段違い並行読み」とも言います。

頭さえこんがらがらなければ、いくつかの利点があります。まず第一にどんなにレベルが上の人でもやさしいレベルの本から学ぶことはいくらでもあります。また、最も基本の数百語は日常の会話に繰り返し出てくる大事な語ばかりなので、会話や email に使えます。

別の面では、常に何冊か持っていると、自然に読みたい本から読むことになり、逆におもしろくない本は手が伸びなくなるので、「途中で読むのをやめる」ことが簡単にできます。途中でやめることは多読三原則の中でいちばんむずかしい課題なので、チャンプルー読みで回避できるのはすばらしいことです。

100万語多読では「レベルは上げるものではなく上がるもの」とよく言いますが、チャンプルー読みを続けていると、知らず知らずにレベルが上がっていきます。

に、普通に読めるようになっていきます。

このように、レベルが上がっても、下のレベルの本を完璧に卒業して読むのをやめるわけではありません。**やさしいレベルの本は気楽に読めますから、スムーズに読む感覚をつかむにはいいの**です。そして疲れているときにも、息抜きにやさしい英語の本を読んで欲しいものです。

多読に慣れてきたら、**レベルの異なる本を何冊か同時にあるいは交互に読む**のも良い方法です。やさしい本は短時間で読めるので、授業時間中はやさしい本を集中して読み、数日かかるようなレベルの上の本は借りて持って帰るようにさせて下さい。

■ 読めなかったら「理由」を生徒と一緒に探る

100万語多読では、まず英語を読めるという達成感を得ることが大切です。やさしい本であっても、非常に短い本であっても、1冊の英語の本を読み終えることができるのはうれしいものです。そして、徐々に読める本が増えてくると更なる楽しみにつながります。伸びを実感するためには、まず10万〜20万語の読書が必要です。定期的に読み続ければ、授業の多読だけでも進歩が確かめられるはずです。

しかし、生徒が読めない場合はどうしたらいいでしょうか。まず「むずかしい」と感じるのは、高いレベルの本を選んでいる場合と、やさしい本を選んでいるのにわからないところを飛ばすことがうまくいっていない場合とがあります。前者の場合は、よりやさしい本、より短い本を勧めればいいですし、後者の場合はわからない言葉があってもいいのだと納得させましょう。

単語数が少ない絵本や幼児向けの本にも、わからない単語が出てくることがあります。あるいは同じレベルでも、GRと児童書との違いに戸惑っていることもあります。英語を母語とする子ど

も向けの本には日本の英語教科書で習わない単語や表現がたくさんあるからです。特に100万語多読を始めたばかりのときは、わからないということが非常に気になる場合があります。全部わからなくてもいい、楽しめればいいことを納得させたいものです。私は「**視界がクリアではっきり情景が見えなくてもいい。霧やモヤがかかっていても、向こうで何が起きているかわかって、そしてその続きがどうなるか知りたいと思ったら、読み続ければいい**」とよく説明します。

　また読みやすさレベル０の本のうち、特に英語を母語とする子ども向けの本は語数が少ないために、わからない言葉が目立つことがあります。かえってレベル１以上のより長い本、もっと年長の子ども向けの本のほうがわかりやすく感じることもあります。そして英語学習者用の GR は総語数が多くても使用語彙を制限しているので、日本人英語学習者に読みやすいことが多いようです。

　ですから、**英語母語話者向けの本と学習者用 GR を混ぜて勧めて、そして読みやすいほうを読み続ける**ように指導して下さい。同じレベルに分類されている本だからと言って、誰でも必ず読めるわけでもなく、様々なタイプの生徒がいます。

　また、最初のうちは好調に読めた本でも、途中でわからなくなり、長いと感じて話に入れないことがあります。はじめが読めただけに、つい続けて頑張って読みがちなので、先生がその本を読むのをやめるようにアドバイスして下さい。語数カウントをしている場合は、途中でやめてもその分（「5,000語の本を半分読めば2,500語」という風に）は読書記録に記入させるといいでしょう。

　大事なことは「**読めなかったら、読まない**」につきます。読める本だけを読んで行けばいいのです。それでも時間がたてば、相当量の英語を吸収していきます。いずれ進歩しますから、安心して本人が楽しいと思う本を読ませて下さい。

ただ、生徒が気に入った本ならば、基本に必ずしも忠実である必要はありません。生徒の読みたいという気持ちをできるだけ尊重することも大切です。そこは見極めがいりますが、1冊頑張って読めば、満足して楽に読めるレベルの本に戻れるものです。

第8節　多読授業で避けたいこと

　100万語多読授業は、生徒自身が英語の読書を楽しめるようになることを主眼にしています。そのために多読授業でぜひ避けてほしいことを以下に書きます。

(1) 読んだかどうか確認のための理解度のテスト

　先生の見えないところで、和訳が飛びかったり、生徒が翻訳をさがしたりするような授業にはしたくないものです。本を読む純粋な楽しみをうばうおそれがあります。本当に読んでいるかどうか先生は心配せずに、生徒にまかせて読書をさせて下さい。読んだふりをしても得にならないのならば、生徒はそんなことをしません。また、授業内のテストやアクティビティは時間がかかりますから、読む時間が削られてしまう点においてもマイナスです。

(2) 頑張らせること

　より語数の多い本や高いレベルの本を読ませようと頑張らせると逆効果になります。無理矢理読めたとしても英語を見るのも嫌になるでしょう。あくまで自分のペースで、本人にとって快適なペースで楽しみながら読ませることが大切です。

　多読は長期間の継続が成功の鍵です。苦しくても頑張るというのは一時的には効果があるように見えて、長続きしません。

　また読みやすい、やさしい本が少ないと、高いレベルの本や長い本だけを読むことになり、やはり無理を強いることになります。

多読用図書は充分に用意することが大切なのです。

　頑張らせることには、以下の事柄も含まれます。

　　　1）語数、本のレベル、冊数などのノルマを課す
　　　2）競わせる（語数、冊数、レベルなど）
　　　3）読んだ語数、冊数のみで評価する

どれも避けた方がいいでしょう。

(3)　他の生徒との比較

　本来、読書というのは非常にプライベイトな事柄です。何をどれくらい読んでいるかを他人と比べることは不自然なことです。あくまで多読の達成感は生徒本人が感じるもので、先生にほめられるためではないというメッセージを伝えたいと思います。

　教室には伸びが早い生徒も比較的遅い生徒もいます。辛抱強く、温かい目で見守って下さい。そして、特定の生徒を褒めることで、他の生徒を焦らせたり、けなすことになったりしないように注意が必要です。

　以上、解説したように、100万語多読授業は従来のやり方と異なる部分が多いのです。先生と生徒の関係も、指導する側と教えられる側、試験する側と評価される側といった上下の関係であってはうまくいきません。かなり具体的にアドバイスの仕方を解説しましたが、本来、こうしたテクニックよりも、先生自身が英語の本を読んで楽しんでいることを生徒に示すことが一番指導には効果的です。そのためには「この本は面白かったね」、「この本はつまらないと思った」といった感想を先生が授業中に洩らすことも必要です。生徒と先生が一緒に多読を楽しみ、そして、生徒たちが、授業が終了したあとも自分一人で英語の読書を続けて行くことができれば、多読授業は成功したと言えるでしょう。

第 3 章

多読授業実践報告

〈Penguin Readers〉

〈Penguin Readers〉

　英語学習者向けに文章の難易度、語彙、総語数がレベルによって制限されたシリーズです。一番下のEasystartsは使用語彙200語で総語数900語程度、その上にLevel 1〜6があります。背表紙がオレンジ色で統一されており、表紙全面がカラーで目を引きます。タイトル数が多く、映画スターや有名人を扱った伝記ものから、古典文学や映画をもとにしたものまで幅広い内容が揃っています。映画をもとにしたGRリトールド版の場合は、映画を見てから読むといいでしょう。

第3章
多読授業実践報告

■ 学校での多読授業

　本章では、高等学校、高等専門学校、大学という学校現場で多読を実践し、成果を上げている先生方の授業実践報告を紹介します。授業の方針、多読用図書、指導内容、評価、生徒の反応などに関して、さまざまな具体例を読むことができます。生徒の素晴らしい進歩を引き出すヒントにして下さい。

　また、既に第1章と第2章で解説したように、100万語多読は従来のリーディング授業と大きく異なります。そのため実際に授業に取り入れるためには、図書予算だけでなく、既存のカリキュラムに多読授業をどのように組み込むか、教科書を用いない授業への抵抗、評価の問題などの障壁を乗り越える必要があります。本章の授業実践報告では個々の学校で多読授業を行う際に何が問題で、それに対してどう取り組んでいるかも注目したいと思います。

■ 高校での多読指導(1)──田澤美加先生の場合

　田澤先生は「なんでみんな同じものを読まなくちゃいけないの」という生徒の疑問を真摯に受け止めて、多読授業を始めました。先生の報告には、英語を学ぶ生徒に対する鋭く、しかも暖かい視線が感じられます。生徒の気持ちを理解してくれる先生には、生徒たちは正直に自分の気持ちを吐露するはずです。

　授業に取り入れる前に、田澤先生はまず自分で生徒と同じレベルの本を読みながら100万語多読を実践しています。「私の多読体験」は読み応えがあります。読んだ総単語数を記録するメリット（あるいはデメリット）、辞書を用いずに意味がわかってくるということ、そして、日本語を介さずに頭から英語をそのまま読む訓練が出来ること、を先生が自ら体験しているからこそ、生徒へのアドバイスをより効果的に行うことができるのです。多読は、スムーズに読めるときばかりではありません。つまらない本にあたって「生徒が教科書の内容に興味を持てないときはこんな感覚なのか」と生徒の立場になって、その対策も工夫しています。そして、生徒が「読みたい本がいつでも読めるという環境を作り出すことが私の役目」と田澤先生は書いています。

　田澤先生の教室は「水を打ったように静か」です。生徒たちが読書に集中しているからです。そのような理想的な時間を作り「生徒の潜在能力のすばらしさ」を引き出すヒントを、この授業報告から読み取りたいと思います。田澤先生が授業中に必ず生徒一人一人全員と話し、「読書計画」を自分で立てられるようサポートするというのは、ぜひとも取り入れたい方法です。生徒は「自分のペースで本を読み進められる」ことで、自ら進んで多読を継続し、素晴らしい伸びを示すのです。

〈実践報告①〉

先生と生徒とともに100万語多読を

明治学院高等学校　田澤美加

●「多読」授業を始めた動機

　英文を速く読めるようになって、しかも生徒それぞれが生き生きと英語を学べる方法はないのだろうか。

　毎年、受験を控えた高校3年生から、「英文を速く読めるようになるにはどうしたらいいんですか」という質問を受けます。英文法や英単語はある程度頭に入っているのに、いざ入試問題を解こうとすると、日本語に訳そうとしてしまって、思うように速く読めず時間切れになってしまうというのです。英語が好きで熱心に勉強している生徒でも、同じような悩みを持っています。何とか生徒の悩みを解消できる方法はないものかと、授業で速読の練習を取り入れたり、英文を読むコツを指導したりしましたが、たいして生徒の実力は伸びませんでした。

　どうしたら生徒が速く英文を読めるようになるのだろうかと考えて、私がたどり着いた結論は、英文をたくさん読むということでした。

　普段は授業中に英文を読むとき、文法の説明を加えながら読んでいきます。生徒は英文の構造的理解を深めますが、量にしてわずかの英文にしか触れることができません。また、知らない単語があって内容がわからないと、生徒は辞書を利用します。そうすることで、日本語訳に頼りながら英文を読み進めていくことになります。ひとつ日本語に訳すと、全部日本語にしなくては気がすまなくなり、辞書が手放せなくなります。やはり、これも英文を速く読むことには障害です。

　また、ある生徒から「**先生、なんでみんな同じものを読まなくちゃいけないの**」と素朴な疑問をぶつけられたことがあります。

それまで私は、クラス全員が同じ教科書を使用し、同じところを一緒に勉強するのはあたりまえのような気がしていました（自分自身もそのように勉強してきました）。しかし、この問いをきっかけに、関心のあることはそれぞれ異なり、学習の進度にも違いがあることにあらためて気づかされました。何とか、生徒一人一人の興味を満たし、英語を勉強する方法はないものか。

そんな時、書店でたまたま手に取った雑誌に100万語多読の紹介が載っていて、「これだ！」と思いました。その文の中で「まず教師も自分でこの学習法を体験して、100万語読むことが大切だ。」と記してあり、**私はまず自分で実践することにしました**。

●**私の多読体験**

私の多読は、SSSのウェブサイトにある通り、〈Penguin Readers〉Easystartsから読み始めました。1冊読んでもわずか900語ですが、読み終わると達成感がありました。また自分ですぐ記録することによって、いま自分が何語（何冊）くらい英語の本を読んでいるのかがはっきりとわかります。どんどん総単語数を増やしたくて、また次の本を読みたくなりました。

絵本を読んでいると、子どもの頃日本語で読んだものの英語版に出会い、とても懐かしくなりました。また、絵本は日常よく使われる単語がたくさん出ているので、長い英語の本で学ぶのとは違った種類の単語に出会います。繰り返しやリズムを大切にしているので、思わず声に出したくなります。

やさしい本から徐々にむずかしい本に、レベルを上げて英語の本を読むことで、同じ単語が何度も繰り返して出てきます。そのため生徒が読んでも、読んでいるときはわからない単語もだんだん意味が想像できるようになるのではないかと感じました。やさしい本は、英語が英語のまま頭に入ってくる感じがします。それを繰り返すことによって、なおいっそう日本語を介さず、英文を英語のまま頭から読む訓練ができました。

GR は私が想像していたより種類やジャンルがずっと豊富で、実に興味をそそるものばかりでした。好きな順番に選んで読むことができるので、次に読むものを選ぶのがとても楽しみでした。また、学生時代に授業で読んだ Jane Austen の作品を、GR で再度読みましたが、学生時代とは違う新たな感動を覚え、その新鮮さは忘れられません。

　しかし、常に自分の読みたい本ばかりに出会えたわけではなく、**生徒が教科書の内容に興味を持てないときはこんな感覚なのかと**ふと感じました。そんなときは思い切ってペーパーバックの多読に挑戦することによって、筋と展開の面白さに吸い込まれ、生き返ったように読み続けました。

　自分で100万語を読破した体験から、英語を速く読めるようになりたいと願う生徒や、日本語に頼って英語を読んでいる生徒が英語に対する恐怖心を無くすには、大量の英語に触れることが重要であると確信しました。そして、やさしい本から読み始めることによって、英語が読めるという自信が生まれます。100万語多読は、自分の好みのスピードで、自分のレベルに合わせた本を読むことで、自ら英語を学習できる方法だと納得しました。

● 「多読授業」の様子

　「多読授業」は、高校2年生を対象に2003年度から開始しました。目標は、「100万語を読んで、『ハリー・ポッター』を読めるようになろう」というものでした。多読授業は選択で週1回2時限90分連続の授業です。2003年度は13名、2004年度は30名の生徒が受講しています。

　自由意志で選択した授業ですから、生徒は意欲的に多読に取り組みます。授業では、約100冊もの英語の本を1階から3階の教室まで毎回運ぶ係の生徒がいます。この係は、新しく購入した本を最初に見ることができるので、喜んで協力してくれ、他の生徒たちが選びやすいように本を上手に机に並べます。並べているそ

▲ 選択授業「楽しく読んで100万語」の教室

ばで、次に何を読もうかと机の周りに輪ができ、本の感想を友人に話す生徒や、本を勧めている生徒もいます。それぞれが読む本を選び、読み終わった本を返却したら、生徒たちは自然に本を読むことに集中し、**教室は水を打ったように静か**になります。

　私は、授業中に少なくとも1回は一人一人の生徒と話をするようにしています。いま読んでいる本はむずかしすぎないか、やさしすぎないか、どんな内容に興味があるか、先週はどれくらいの量を読んだのかなど、一人一人具体的に話すことによって、生徒本人が自分にふさわしい読書計画を立てることができます。初めの頃はどの本が自分に向いているのかわからなかった生徒も、「いま、レベル1を読んでいます。でも少し読むスピードが遅くなった気がするので、レベル0をもう何冊か読んでからまたレベルを上げようと思います」、「学校ではあまり集中できないから、短い本をたくさん読むことにします。長い本は家で読みます」と、**自分で読書のペースを把握する**ようになります。「辞書は引かない」という多読の原則に、初めのうちは戸惑っても、徐々に慣れていきます。

授業終了時に教室で私が、授業用の図書から本一人2冊ずつの貸し出しを行います。読み終わったら、いつでも次の本を貸し出しています。また図書室でも英語の本を貸し出していますが、現状ではバラエティの少ないのが難点です。

● **生徒の感想**
　多読授業の中で記した生徒の感想を拾ってみましょう。
・辞書を引かないで読むことに最初は戸惑ったけれど、ある本でわからなかった単語が、他の本を読むうちに自然とわかるようになって嬉しい。マジックのようです。こんなことで単語って覚える……っていうより身につくんだなあ!!と感動です！
・新しい単語は覚えられないのかなあ、と思っていたけれど、1冊の本の中に何度もその単語が出てくると、その意味がわかってくるのでそれはよかった。
・長文を読むときにわからない単語が出てきても、文脈から判断する練習になると思いました。
・予想していたより楽しく読めています。自分のペースで、読みたい本を読めるのが飽きっぽい私でも続けられる理由だと思っています。1冊読み終えると、次に何を読もうか考えるのが楽しくなってきました。

　最終授業アンケートでは、ほとんどの生徒が「楽しかった」と答え、多読授業の効果を下記のように記しています。
・英文を読むスピードが速くなった
・わからない単語でも意味を予測できるようになった
・英文への恐怖心が無くなった
・英文を一語一語日本語に訳さずに、頭から読めるようになった
　2003年度の生徒が読んだ語数は7万語から102万語で、平均で30万語を読みました。多読授業のよいところは、自分の意思で本を選び、**自分のペースで本を読み進められる**ことだと思います。受講していた生徒の中には、英語の読書が趣味になった人もいま

す。3年生になっても、授業の続きのように新しい本を私の所へ借りに来る生徒がいるほどです。

●**実践を通して**

　私は「多読授業」を実践して、**生徒の潜在能力のすばらしさに驚くばかりです**。生徒は「多読」の方法を身につけて「自分でも英語の本が読める！」という自信を持てるようになり、まるでスポンジが水を吸うように、どんどん英語を吸収していきます。

　私は、その「英語を読みたい」という意欲を維持するために、生徒の興味関心のありそうな本を探し、様々な種類の本を、充分な冊数集めることに苦慮しています。読みたい本がいつでも読めるという環境を作り出すことが私の役目です。将来は、英語の本を読むことに重点を置いた「多読」だけでなく、映画やニュースを耳から聴いて理解することができるように、本のテープやCDを揃えることも考えています。

　評価方法ではいろいろ悩みました。多読授業は、本来生徒の意欲を大切にしている授業なので、評価はあまりしたくないのですが、授業として行なっている以上評価をしないわけにはいきません。昨年は、読んだ本の総単語数と英語の基礎力テストなどで総合的に判断しました。

　「本を読む」ということは、一生楽しめることだと思います。日本語の本だけでなく、英語のペーパーバックが読めるようになれば、読書の世界が広がります。大学受験だけにとらわれない、一生の財産になるような英語力を身につけられるのが「多読」だと思います。

　生徒が楽しく学べる英語、本物の英語力を身につけられる授業、そのためにどうすればよいのか、私の授業に対する模索は始まったばかりです。楽しみながら英語を身につけられ、生徒が「できる」という自信を持てる授業を目指して、生徒とともに希望を膨らませながら実践を続けていきたいと考えています。

　　　　　　　　　　　　　　　　　　　　　（明治学院高等学校教諭）

■ 高校での多読指導(2)──高瀬敦子先生の場合

　よりよい多読指導を目指して、高瀬先生は、多読用図書の追加を毎年行い、年ごとに新たな改良を加えています。多読を授業に取り入れるにあたり、学校の環境、授業の形式、生徒によって、これが決まった方法というものは存在しません。それぞれの環境で先生の工夫が求められます。高瀬先生は、**客観的なデータに基づいて、常に新たなやり方、よりよい方法を試みている**のです。

　実践報告の中で「多読授業を成功させるのに必要不可欠なものは、まず本の数と種類」であり、「学校図書館の協力は多読授業を成功に導く大きい要素の１つ」と書いています。図書館の協力を得て、年月をかけてこの実践報告にあるように多読用図書を徐々に充実させたいものです。

　高瀬先生が指導法に大きく変化を加えたのは、多読指導開始から５年目のことです。大きな変更点は、絵本の導入と課題サマリーをやめたことでした。「絵本とやさしい本の効果は絶大」で、年間の読書量が倍増した上に、以前よりもむずかしい本まで読める生徒が増えたとの報告は注目に値します。また、**課題サマリーが一部の生徒にとっては負担**になるだけでなく、様々なマイナス点があったことが指摘されています。第２章で読書記録の方法を解説しましたが、記録項目が多すぎると、同じように逆効果になるので、注意が必要です。

　また、多読授業の課題の１つに評価の問題があります。高瀬先生は「読書量およびサマリー・読書記録用紙提出等で10％」とし、「客観的な数値に現れる評価（テスト）がある程度必要であり、それがなければ生徒は納得しないであろう」と述べています。

　では、生徒をよく観察し、毎年工夫と努力を重ね、素晴らしい成果を上げている高瀬先生の実践報告をお読み下さい。

〈実践報告②〉

ある私立高校での多読授業への挑戦

梅花高等学校　高瀬敦子

●はじめに

　第二言語習得における多読の効果は世界中で実証され[1]、日本でも英語習得に多読を取り入れる大学が増えてきている。ところが高校で取り入れている学校はまだわずかであり[2]、精読授業しか行っていない高校が大半を占めている。京都リーディング調査研究チームが行った高校の英語教師へのアンケート調査の結果によると、多読指導を実践しない理由として「時間的余裕がない」、「生徒の英語力がない」、「効果がわからない」等が多かった[3]。

　ここでは、大阪の私立梅花高校2年の2クラスで試みてきた7年間の多読授業の実践記録を報告し、この3点を中心に、検証してみたい。毎年、アンケートと聴き取り調査を実施し、生徒の多読に対する反応、意見等を聞き、できる限り次年度に反映させ、問題点を改善していった多読授業変遷の記録を以下に記す。

●1年目

　最初の年（1998年）は、日本の各出版社からの見本や献本（400〜1200語レベル）約200冊にGraded Readers（〈Oxford Bookworms〉、〈Longman Original〉、〈Longman Classics〉の300〜1800語レベル）約100冊を加え、2クラス64人の生徒に対して約300冊の本でスタートした。読書は授業時間外に行い、英文サマリーと読書記録表提出を義務付けた。本は講師室に保管し、週2回の授業の最初に貸し出しを行うと同時に、読書指導をした。多読に対する生徒の反応は非常によく、喜んで読んだ生徒が多かったが、中には余り乗り気ではない生徒もいた。人気があったGRは、〈Oxford Bookworms〉Stage 1〜Stage 2、ついで〈Longman Original〉、〈Longman Classics〉Level 1〜Level 2

であった。当時一番大変だったのは、本の総語数を数えることと英文サマリーの添削であった。

問題点：1．本の貸し出しが週2回のみであり、毎日読む生徒に対応できなかった。

　　　　2．英文サマリーに困難を覚えた生徒がいた。

　　　　3．易しい本の数が少なく、英語の苦手な生徒は本の獲得に苦労した。

● 2年目～3年目

　1999年度から2000年度は、生徒が毎日借り出せるように本を各教室に置いて貸し出しカードやノートを作り、本係を決めて生徒に図書の管理を任せた。図書館でもGRを約200～300冊購入し、(〈Heinemann（現Macmillan、以下同じ）Guided Readers〉Starters～Elementary（300～1100語レベル）、〈Oxford Bookworms〉Stage 1～Stage 3（400～1000語レベル）、〈Oxford Bookworms Factfiles〉Stage 1～Stage 2（400～700語レベル）、〈Penguin Readers〉Level 1～Level 4（300～1700語レベル））、生徒は図書館および教室の両方で、計500～600冊の本の利用が可能になった。図書館の方が比較的易しい本があり、喜んで図書館を利用する生徒が多かった。図書館で購入した〈Heinemann Guided Readers〉Starter, Beginner は読みやすく、非常に人気があり、2000年には〈Heinemann Guided Readers〉Elementary にまで、手を伸ばす生徒が増えた。次に人気があったのは〈Penguin Readers〉Level 1～Level 2 で、〈Oxford Bookworms〉の読者数をしのいだ。また2000年には、学校に絵本を持ってくる生徒が2～3人いて仲良しグループで回し読みしていた。サマリーは、1学期は日本語で、2、3学期は英語で書くようにと奨励した。

問題点：1．教室の図書の返却が悪くなり、図書係が苦労した。

　　　　2．サマリーを共同で書く生徒が出てきた。

3．日本語でよく読書をする生徒の中には、GR の内容が単純で面白くないと言う理由で、英語の多読に積極的には取り組まなかった生徒が少なからずいた。

4．生徒の読書量が増えると、サマリー添削量も増え、私の仕事が膨大な量になった。

● 4年目

2001年度には、教室の図書を全部学校図書室に移管した。**図書室の二人の司書が多読に理解があり、大きな協力が得られた。**生徒は英語の本を借りる度に激励され、また図書室ニュースに発表される、クラスごとの月別図書利用数では、多読実践クラスの数値が圧倒的に他のクラスを凌駕して、生徒の動機付となった。この年は、〈Penguin Readers〉Easystarts（200語レベル）と〈Cambridge English Readers〉Level 1～Level 2（400～800語レベル）を購入し、約800冊の本が利用可能となった。すると、〈Penguin Readers〉Easystarts を読んだ生徒は、〈Penguin Readers〉Level 1～Level 2（300～600語レベル）を読み、Level 3 および Level 4 にまで手を伸ばし始めた生徒も少なからずいた。同じシリーズの本が、慣れて読みやすく感じるのであろう。それまで一番の人気シリーズであった〈Heinemann Guided Readers〉は、〈Penguin Readers〉に一位の座を明け渡した。サマリーと読書記録の課題は前年同様に行った。

問題点：1．〈Penguin Readers〉Easystarts でも読書が困難に感じる生徒がでてきた。

2．図書の管理は非常に楽になったが、サマリー添削は相変わらず大変だった。

● 5年目

2002年度は、大変革の年であった。6月に、東京の SSS 英語学習法研究会主催のパネルディスカッションに参加した際に、絵本の効果を聞き[4]、それまで中学生の授業でのみ使用していた絵

本を高校生の多読にも導入することにした。まず〈Oxford Bookworms〉Starters（250語レベル）を購入し、絵本（〈Curious George〉、〈Step into Reading〉、〈Addison-Wesley Big and Little Books〉等）更に〈Oxford Reading Tree〉等を計200冊購入し、図書館の本がおよそ1,000冊となった。**絵本と易しい本の効果は絶大**で、一人平均絵本12冊（最高100冊）、（〈Penguin Readers〉、〈Oxford Bookworms〉、〈Heinemann Guided Readers〉の200〜250語レベル18冊（最高60冊）に始まり、300〜400語レベルは22冊、600〜800語レベルは12冊というように、やさしい本で英語に慣れて、徐々に難しい本に移行していく生徒が増えてきた（グラフ参照）。年間の1人当たりの平均読書量はそれまでの2倍以上に伸び、特にそれまで読書から逃げていた生徒達が〈Oxford Reading Tree〉始め、他の絵本を楽しんで読むようになり、英語での読書が苦手な生徒の読書量が上がってきた。

　次に、それまで課題としていたサマリーを止めて、1〜2文のコメントを読書記録用紙に記入するように変更した。Mason ＆ Krashen（1997）[5]の研究では、英文サマリーを書いた場合も書かなかった場合も、英語力の向上は同じであったと言う結果が出ている。生徒への聴き取り調査で判明したのは、**課題のサマリーが**

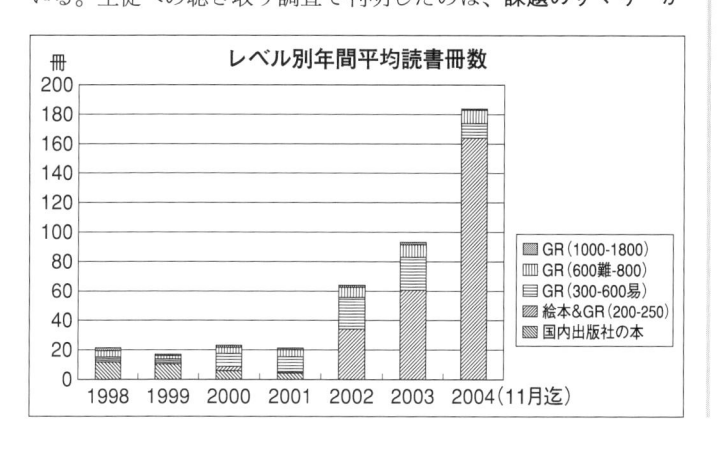

レベル別年間平均読書冊数

（グラフ：1998年から2004年（11月迄）までのレベル別年間平均読書冊数を示す棒グラフ。凡例：GR(1000-1800)、GR(600難-800)、GR(300-600易)、絵本&GR(200-250)、国内出版社の本）

一部の生徒にとっては負担になり、読書への動機付けの負の要因になっていたということである。サマリーを書く回数を減らすために自分のレベル以上の分厚い本を読んでいる生徒、読書そのもの以上にサマリーを書くことに時間をかけている生徒等がいたのである。サマリーを止めた結果、その時間を読書に当てることによって、読書量が増えた。

問題点：1．忙しくて読む暇がないという生徒が相変わらずいた。

● 6年目

2003年度は前年に続いて、〈Hello Reader!〉、〈I Can Read Books〉等の絵本と〈Magic Tree House〉シリーズを計100冊購入し、利用可能な本は1,100冊となった。この年の新しい試みは、忙しくて読む時間がないという生徒達のために行った、年間全授業60回のうち10回、図書館での一斉読書であった。課外の自発読書ができない生徒だけでなく、全生徒にとって45分間の集中読書の効果は絶大であった。時間割変更で、当クラスが自習になった時、生徒は自由に読書をしていた。**私の代わりに出欠確認にいった同僚が、あまりの集中力、真剣さに驚き、声をかけるのもはばかられたという。**この年の読書量は、前年度よりも更に増えた。中でも興味深いのは、〈Oxford Reading Tree〉を読んだ後に、直接〈Magic Tree House〉を読み始めた生徒がいたことだ。〈Oxford Reading Tree〉のようにやさしい本でも原書を大量に読むと生の英文に慣れて、少しレベルが上がっても抵抗がなくなるのであろうか。

問題点：1．授業中の読書が効果的であるとわかった以上、その
　　　　　 時間を確保する必要がある。

● 7年目の試み

2004年は最初から週1回の図書館授業を行っている。新しい試みとして、多読学会より1学期間借り受けた〈Longman Literacy Land〉シリーズ約200冊を、授業中に回し読みさせて、〈Oxford Reading Tree〉や他の絵本、GR等は自由に授業時間外に読ませるようにした。約2ヶ月間の45分授業7回で、一人平均74冊、24,492語（最高123冊、67,776語）の〈Longman Literacy Land〉を読んだ。貸し出し期間が限られているので、放課後も熱心に図書館に通い、読書する生徒の姿が見られた。全く自由に読ませるよりも、時間的な制限を設けたり、本をある程度限定したり、友達と競い合って読ませたりする方が効果的な場合もある。その後も週1回の図書館での読書を続けた結果、授業外の読書も含め11月末迄に、一人平均183冊、125,880語（最高384冊、466,649語）読んだ。特記すべきは、最も読書量が少なかった生徒でも68冊、49,784語読んだことである。これは、大量の平易な英語の本と読書時間の確保に起因するものであると推測される。

● 多読授業の問題点

1．多読授業を成功させるのに必要不可欠なものは、多種多様の本を大量に確保することであるが、これが一朝一夕ではできない。日本語を介さないで英文を理解し読めるようになるには、やさしい本を大量に読む必要がある。そのためには、生徒の興味を引くやさしい本を大量に揃えておかなければならない。この点で、**学校図書館の協力は多読授業を成功に導く大きい要素の1つである。**

2．多読授業は評価をするのが難しい。授業では、Reading Skillsの訓練や内容把握練習を伴うスピードリーディングを行っている。スピードリーディングは、集中力を高め、日本語訳をせず頭から読んでいく練習になり、多読にプラスの効果をもたらす。評価は、授業の内容を対象にしたテストと長文（GRから抜粋した文章や新聞・雑誌の記事の内容把握問題等）で90％、読書量およびサマリー・読書記録用紙提出等で10％としてきた。高校の必須授業の場合、読書結果のみで成績を評価するのは非常に難しい。客観的な数値に現れる評価（テスト）がある程度必要であり、それがなければ生徒は納得しないであろう。

3．次に問題なのは、多読の教材と入試問題の難易度、ジャンル形式の違いである。高校生の一番の関心事は大学入試に合格することであるので、入試との調和を計りながら多読授業を進めていかなければならない。中2か中3、遅くとも高1から多読を始め、高2の終わりか高3の一学期まで読書をし、十分に読む力をつけておけば、入試の長文は楽に読めるようになる。

4．目には見えないが大きな障害は、多読に関する教師の認識不足である。平易な英文に対する偏見は根強く、難解な英文を解読するのが一番の英語学習法である、と考えている英語教師（他の科目の教師も）が少なからずいる。今までその方式で数十年英語教育を行ってきた結果、日本人の英語力が現状のような悲惨な状態になったのである。

この辺で、世界の専門家が実践し評価している多読の効用に目を向けてみてはどうであろうか。まずは英語教師自らが多読を始めてみるのが、その効果を実感できる一番の方法である。ちなみに、当校では2人の英語教師と1人の化学教師、図書館の司書1人が多読を始めて、その効果を実感している。

●**結論および今後の課題・展望**

以上の報告で解るように、時間的余裕のない高校生に多読を導入するには、授業中に読ませれば解決できるし、英語力に自信がない生徒には、一番やさしい絵本からスタートすれば、多読へと導いていける。その効果は、リーディング・ライティング力の向上・語彙習得・動機付けに効果があるのはいうまでもなく、何よりも楽しみながら英語の総合力を伸ばせるということにある。生徒が本を読む大きな要因は達成感と自信および英語の本を読む楽しさである[6]。**英語は難しく苦手で嫌いだと言っていた生徒達が、たとえ平易な本であっても、一冊を読破すれば、非常な達成感を感じ自信をもつようになる。**その達成感と自信が、読書を持続させ、英語嫌いを英語好きに変えるのである。また、模試、入試の

長文に対するが怖さがなくなったとか、長文を読む自信がついたという感想も多い。

　副産物として、図書館に足を踏み入れる生徒の数が増え、日本語の本の貸し出しも飛躍的に伸び、多読を始めて以来、図書館での学習者数が非常に増えてきたと言う報告も図書館から受けている。英語の運用能力向上を目指した多読が、様々なプラスの効果を生んでいるのである。

　結論として、英語運用能力向上のための効果的な英語教育を行うには、多読を高校3年間または中高の6年間の授業に組み込み、長期的な計画の下に実施していくのがよい。英語学習初期の段階からやさしい英語を大量に読ませ（または読み聞かせ）、頭のみを使う分解分析訳読方式および文法重視に偏りがちな英語の授業に、英語を身体に染み込ませるため、生徒自身が身体を使って行う作業（多読、多聴）を加え、バランスの良い教育を行わなければならない。中学・高校で、6年間英語を学習するならば、その時間に見合うだけの効果が出るような授業にすべきである。

(1) Day, R., & Bamford, J. (1998). *Extensive reading in the second language classroom.* Cambridge University Press.
(2) 鈴木寿一 (1996).「読書の楽しさを経験させるためのリーディング指導」渡辺時夫（編）『新しい読みの指導』三省堂
(3) 橋本文史・高田哲郎・磯部達彦・境倫代・池村大一郎　横川博一 (1998).「リーディング指導12のアプローチ」『英語教育』47(2)(3)　大修館書店
(4) 酒井邦秀 (2002).『快読100万語！　ペーパーバックへの道』筑摩書房
(5) Mason, B., & Krashen, S. (1997). Extensive reading in English as a foreign language. *System*, 24(1), 99-102.
(6) Takase, A. (2001). What motivates Japanese students to read English books? *The Proceeding of the Third Temple University Japan Applied Linguistics Colloquium.* Tokyo: Temple University Japan.

（近畿大学法学部講師）

「辞書なし」で語彙は増えるか?

　第1章で述べたように、辞書なしで1冊の本を読むことにより、読者の頭と心の中に本の世界が作られ、そこで語りが展開して、一つ一つの語は世界と語りの中に位置づけられています。その結果、語彙獲得が容易になると思われます。

　にわかには納得しがたいでしょうか? でも日本語を獲得したときを思い出してみれば、少なくとも母語については上に書いたような語彙獲得が実際に起きていると納得できるでしょう。幼い子どもは特に「意図的学習」なしに、日常的に話をしたり絵本を読んだりするうちにたくさんの言葉を覚えていくのですから、日本語が使われる環境の中で「偶発的学習」が起きるわけです。

　外国語では偶発的学習は起きず、したがって意図的学習をしなければならないと信じられています。けれども、そうではないと思われる例は枚挙に暇がありません。たとえばある生徒がごくやさしい、短い本を読み終わったところで「わからない単語が1つあった」と言った例があります。「どれだった?」と聞いたところ、子どもははじめから順に探していって、結局最後まで見てしまい、どれが知らない語か「わからなくなった」と首をかしげたそうです。つまり、読んでいる途中では「この単語わからないな」と意識したのに、読み終わってみるとわかるようになっていたわけです。

　いわゆる上級の人でも、大人でも、同じことが起きます。100万語多読を始めた英検1級取得者が書いている体験では、37万語読んだところである本を知らない単語に下線をつけながら読んだことがあって、420万語読んだところでその本を開いてみたところ、印をつけた語のほとんどがわかるようになっていたそうです。辞書を引かずに多読してただけなのに語彙が増えたわけです。

　また、数百万語読んだ人が「辞書は全然引いてないのに語彙が増えて、英字新聞にでてくるもので予測がつかない語彙というのがなくなってきていることに気がつきました。」と書いています。その結果か、TOEICの点数も大幅に上がったそうです。外国語の語彙獲得についても、母語とほぼ同じことが起きるといってよさそうです。

■ 高専での多読指導(1)──新川智清先生の場合

　全寮制の沖縄高専は100万語多読を中心に据えた画期的な英語カリキュラムを開学当初から始めました。学校全体で多読を行う全国初のケースです。図書館に加えて、生徒たちの生活の場である寮内にも多読用図書室を設置する予定です。

　多読の授業は大量の種類と冊数の本が必要ですが、沖縄高専の場合、初年度の本の予算が潤沢にある上に、毎年追加で本を新たに購入することにより、学校全体での100万語多読授業の実践を可能にしています。これほどの冊数を準備するのは通常はむずかしいとしても、紹介されている図書の種類は参考になるはずです。新川先生は「基本語1000語前後レベルまでの図書を特に充実させる」ほか、図書の準備に対して重要なポイントをあげています。

　沖縄高専の100分という長い多読授業時間内の休憩中もかなりの数の学生が本に熱中しています。「学生が能動的に参加している表れ」です。「多読授業の実際」に、その授業風景と多読の他に取り入れている学習方法が示されています。

　新川先生は「高い山に登るのに、幾つものルートがあり、道先案内人がその山をある程度熟知していないと道に迷うのと似ている」と、生徒を指導する教師自身が多読を体験する必要を強調しています。新川先生自身が100万語多読で実感した事柄は、生徒指導にすぐに活かされています。多読三原則は「ほんのわずかな発想の転換」でしたが、「これほどまでに充実感があり、感動しつつ楽しく英語が読めたのは学生時代、教員生活を通して初めての経験」だったそうです。やさしい本でも「少ない語数で多種多様な英語の表現が可能である」と発見し、先生も生徒とともに感動的な読書体験をしています。

〈実践報告③〉

学校全体での多読への取り組み

沖縄高等専門学校　新川智清

●沖縄高専の紹介

　私が勤務する沖縄高専は、2004年4月に開校したばかりの全国で55番目の国立高専である。沖縄高専創設準備委員会はその最終まとめの中で、英語教育に関して「外国語（英語）の運用能力のある人材を育成する」と記している。必修の「英語」「実用英語（TOEIC）」「科学技術英語」の5年間合計25単位は、工学系の高専の中でずば抜けて多い単位数である。なお沖縄高専の1コマの授業時間は100分で行っている。

　校長から英語の教科書は高等学校で使われている検定教科書を使わないように言われたのは開学準備の最中であった。理由は、高専は高等学校ではないという明快なものだった。25年余にわたる県立高等学校での英語教師の経験と他高専の教科書採択状況から最初は戸惑い、反対もしたが、それまでの議論の中で校長の言葉には2つの意味が込められていることを知った。1つは、文字通り高等教育機関である高専は高等学校とは違うという差別化である。2つめは、他高専における英語教育の現状を危惧し、それを乗り越えてほしいという期待であった。高専は大学と同様に高等教育機関であり、さらにこれは文科省の学習指導要領に縛られずに5年一貫の教育が行えることを意味しているが、その特徴が生かされてないのが現状のようである。その結果、高専における専門教育は産業界から高く評価されているが、英語教育に対する内外からの評価は決して満足できるものではない。

　検定教科書を使うことを諦めると、残された授業の方法は、できるだけたくさん英語を読ませることしか思いつかなかった。しかし、それまでの1冊の教科書に縛られた授業実践経験からは、

何をどのように読ませたらいいかという具体的な方法は五里霧中の状態であった。そのことを青木准教授に相談し、SSSの存在を知った。その後、100万語多読に関する本を読むと同時に、講演会や読書相談会、多読の授業の見学にも出かけて担当者から直接話を聞き、アドバイスを受けた。検定教科書を使わずに、やさしい英語から多量に読ませる沖縄高専独自の英語教育の道筋がおぼろげながら少しずつ見えてきた。

●沖縄高専の多読用図書

本校が多読用図書を購入する際に、次のようなことを考慮した。なお、今年度入学した1期生は4学科175名で、学科の枠を超えた混合学級は1クラス43名〜44名である。

・全学生が最低3年間は授業や課外で多読を継続できる図書数を揃える。

・**2学級同時に授業が行われるので、多読導入段階に読む同じシリーズの図書を複数購入**する。

・英語の得手・不得手にかかわらず、全員がもっともやさしいレベルの文字のない絵本から読み始める。

・辞書や文法書に頼らずに語彙を増やし、英文の構造を十分に体得させるため、基本語1,000語前後を使った児童書やGRで100万語読みを達成させたい。そのため、**基本語1,000語前後レベルまでの図書を特に充実**させる。

・個人により興味・関心が異なるので、できるだけ幅広いジャンルの本を揃える。

以上により、本校が購入した図書は、書籍が約5,000冊、カセットテープやCDのオーディオ教材が約300点である。書籍の内訳はGRと児童書が4,000冊、〈Oxford　Reading　Tree〉が1,000冊である。開校直前のこともあり、教材購入には寛大な予算措置をしてもらった。金額にして330万円程度である。これだけの図書が揃えば上記の条件を満たすのに十分であろう。今後は、

学生の様子を見ながら、年次ごとに図書を追加していきたい。

　授業で用いる多読用図書は教員が研究室で保管し、学生の読み具合により適宜図書の入れ替えを行う。その他の図書は教員を通して貸し出す。授業で用いる以外の図書は消耗品扱いとして、今後図書館の入口のスペースを利用し、学生がいつでも気軽に読める多読環境をつくる予定である。

　1・2年は全寮制で将来的には全校生の7割が寮生活を送ることになるので、学生が図書館まで行かずに寮で日常的に多読を継続できるよう、寮に多読図書室を設置し、図書の管理は係の学生に一任する。

●多読授業の実際

　授業が始まってまだひと月半の多読導入段階である。「英語」は大きめの机がある図書館や演習室での多読授業を、「実用英語（TOEIC）」はCALL教室で最新のコンピュータを活用した多聴を中心に行う。

　多読授業では〈Oxford Reading Tree〉や〈Step into Reading〉、〈Longman Shared Reading〉、〈Hello Reader!（Scholastic Reader)〉、〈I Can Read Books〉など絵や写真がついたやさしい児童書を中心に毎回150～200冊程度準備し、適宜、図書の追加や入れ替えを行っている。100分授業の途中で10分の休憩を挟むが、その間もかなりの数の学生が本に熱中している。講義形式ではなく、個人のペースで読むことが基本である多読の授業に、**学生が能動的に参加している表れ**である。その間、教師は学生一人一人の読み具合を観察し、楽しく読んでいるか、日本語に訳して無理に読んでいないか、声をかけて確認する。無理に読んでいる場合は「チャンプルー読み」（66ページコラム参照）を勧める。読んだ本は、シリーズ名とそのレベルを記録させ、定期的に読んだ語数を調べる。読後感も一言書くことを奨励している。全ての学生が3年までには100万語読書達成することを目指す。3年次

では *Grammar in Use*（Cambridge University Press）を活用し、多読で身につけた基礎力を体系的に学習する予定である。

実用英語(TOEIC)授業では、現在はアルク社のPowerWordsを用いて、中学校での既習の単語にほぼ相当する1,000語を復習している。同じ単語を繰り返しゲーム感覚で学べるせいか、予想以上に熱中してパソコンに向かいマウスを動かしている。この単語学習がどの程度定着するか、多読や多聴にどのような影響を与えるかについて今後調べてみたい。この授業は、本来多聴を行うことがねらいである。多読の授業で、単語の読み方を聞く学生がかなりいる。このことを克服し、耳・口・目から英語を多量に取り入れるためにも、音声教材を用いたリスニングやシャドーイング等の練習が実施できる環境を早めに整えたい。

学校全体として多読の授業を取り入れている教育機関は、全国で沖縄高専だけだと聞く。ここに至るまでには、英語教育に対する校長の期待、この2年間で体系化されたSSSとの出会い、予算面で融通が利く開校準備期間での多読への取り組みなどが、多読に向かって相乗的に重なった。先日多読に関するアンケートを実施したが、多読がつまらないと答えた学生は一人もいなかった。数名の学生が、辞書を用いずに多読で語彙が増えるのか、英語が

▶ 図書館での多読授業

読めるようになるのか、という不安を書いただけである。有り難いことに、現在のところ、恵まれた環境の中で多読の授業が実施できている。今後、沖縄高専の多読・多聴環境を活用・発展させ、学生に真の英語の基礎力を身につけさせることができるかは、これからの大きな課題である。**ナンクルナイサ（沖縄方言：＜自ずからいい方向に進んで＞なんとかなる）**の気持ちで取り組みたい。

● **英語教師の多読体験**

上述したように、100万語多読は学生それぞれが各自の読みのレベルや興味に合った本を読むので、個別指導が大前提である。そのため、教師自身が多読三原則を理解した上で、実際に多読を体験することが何よりも重要である。ウェブページで多読を楽しむ人たちの経験談を読むことはできても、教師自らの多読体験がなければ、学生に適切な個別指導ができない。**それは高い山に登るのに、幾つものルートがあり、道先案内人がその山をある程度熟知していないと道に迷うのと似ている。**

私自身、GRと児童書を読み、わからない単語が出てきても、楽しく読み通すことに全く支障はないことを納得することが出来た。多読を始めてまだ日が浅いが、その体験を通しての感想は、以下の通りである。

・児童書と言えどもauthenticな英語であり、知らない単語が当然出てくる。初めの頃は分からない単語があると苦痛に感じ、読み終えた後、辞書に頼った。それまでの精読法の癖が抜けなかったのである。数十万語読み進むにつれてそれが全く気にならなくなり、多読三原則の一つである「辞書を引かない」が身に付いた。

・日本語を読む時にも読む速さは遅い方だが、やさしい本からかなりの量を読み始めたことで、英語を読むスピードが速くなることが実感できる。

・基本語400語で大人でも感動する読書体験ができ、1,000語（おおよそ中学校で習う単語数）では総語数10,000語余の本になり、少

ない語数で多種多様な英語の表現が可能であることに驚かされる。

● **おわりに**

締めくくりに、多読の効果を実感し、私自身の英語教育観まで考え直させてくれた Roald Dahl の *Matilda* について書きたい。*Matilda* は基本語3,000語のペーパーバックである。多少長いが引用する。

> "By the time she was three, Matilda had taught herself to read by studying newspapers and magazines that lay around the house. At the age of four, she could read fast and well and she naturally began hankering after books."

もちろんフィクションではあるが、娘の教育に全く無頓着な俗物の両親に育てられている Matilda の自主的多読体験である。多読で読んでいる本の中に多読の原点を見つけ、感動を覚えた。おそらく Matilda は多読三原則の２つ、「辞書は引かない」「わからないところは飛ばす」は忠実に守ったであろう。この物語は、Matilda が多読を通して身につけた能力を背景にして展開していく。Dahl が多読を念頭に置いてこの物語を書いたわけではないだろうが、これは100万語多読の聖典となるべき本である。

100万語多読に出会い、英和辞典に頼って100％の理解を目指していた精読法から離れ、英語を読むことに関して**ほんのわずかな発想の転換**をしただけである。**これほどまでに充実感があり、感動しつつ楽しく英語が読めたのは学生時代、教員生活を通して初めての経験である**。薄っぺらな１冊の教科書を１年かけ、辞書を片手に英語を読む精読法の授業では、このような充実感は決してあり得ない。多読授業のために児童書や GR を読むと同時に、個人的な楽しみとして多読を続け、英語の読書の世界を広げたいと思う。

（沖縄工業高等専門学校総合科学科教授）

■ 高専での多読指導(2)──吉岡貴芳先生・西澤一先生の場合

　豊田高専の吉岡先生と西澤先生は、多読三原則は「日本語を介さずに、英文を直接理解する」ための具体的方法であり、英語能力向上に必要と書いています。

　100万語多読の授業で誤解されやすいのは、先生の役割です。「教えない」わけですが、吉岡先生・西澤先生が言うように、「先生」の「支援者」としての役目は大きいのです。訳読式に慣れている生徒たちが英語を直接理解できるようになるには、100万語多読の経験者である先生の支援が欠かせないと両先生は強調しています。その役割として「無理して難しい本を読んでいる学生にやさしい本をすすめる」「学生の好みのジャンルを知り、同ジャンルに属するやさしい本をすすめる」の2つのポイントを指摘しています。

　吉岡先生・西澤先生も多読用図書の充実が必要と述べています。この章の実践報告では多くの先生が、具体的に備え付けた多読用図書のシリーズや冊数を報告しています。実際に100万語多読を行う際には、このような情報は貴重なものです。ぜひ参考にして下さい。

　成績評価について、両先生は通常の多読授業でよく行われる**読書量に基づいた成績評価を行っていません。成績評価と切り離すべきだとまで言っています**。「英文を適切な速度で読み、大まかな内容を把握する力」を測るために、学生が読んだことのない英文の読解力試験を行っています。学生は試験前の一夜漬け勉強でしのぐのは不可能です。評価方法は多読を奨励するものでなくてはなりません。成績やテストで叱咤激励することに慣れている英語の先生たちにはかなりの発想の転換を強いることになりますが、授業報告を読めばその理由が分かるでしょう。そして、吉岡先生・西澤先生の成績のつけ方も一方法として活用して下さい。

〈実践報告④〉

技術者の英語運用能力育成に英文多読を導入

　　　　　豊田工業高等専門学校　吉岡貴芳・西澤　一

　「専門には強いが、英語は弱い」と言われつづけてきた高専で専門科目を教えています。在学中にある程度英語が使えるようになった学生は、AFS等による留学経験者とごく少数の独習者に限られ、平均的な高専生の英語運用能力は、TOEICの機関別平均得点から分かるように、同年代の高校生、大学生に劣るものでした。大学受験のような外部圧力がなく、少ない授業時間で英語運用能力をつけさせることはむずかしいと言われています。残念ながら、外国人講師による少人数授業や、LL教室でのオーラル中心の授業も、十分な成果を上げることができていません。

　しかし、最近は、卒業生が英語を使わざるを得ない場面が増えており、「英語は弱い」では済まなくなってきています。そこで、卒業後に困らないよう、何とか在学中に基礎的な英語運用能力を身につけさせることができないかと考え、工業英単語学習システムを作ったり、「音読筆写」を試させたり、ここ10年程試行錯誤してきましたが、決め手がないのが現状でした。

　技術者といっても必要とされる英語がかなり特殊なものであるとは限りませんし、基礎的な英語力も確実でないままESP（English for Specific Purposes）を教授しても十分な成果を得られるのかどうか不安が残ります。そんな中で、2002年度の新科目「電気技術英語」の指導法に悩んでいた吉岡が雑誌で見つけ、インターネットのウェブサイトで調べたSSS英語学習法は、日本語を介さずに英文を直接理解するために、やさしい絵本を大量に（従来の英文読書量の20〜100倍）読むことを主張し、そのための教材体系も構築していました。同サイトを見て、3名の教員が盆休みにスタータ・セット（〈Penguin Readers〉 Easystarts

〜Level 1を20冊）を読んで有効性を実感していたこともあり、同授業方法を採用することを決め、電気通信大学で多読授業を見学し、見よう見真似で授業を始めました。授業は１回90分を半期15回で、１クラスの人数は約40名でした。なお用意した本は、西澤と吉岡が授業のために共同で研究費から拠出して購入した約350冊（主に、〈Penguin Young Readers〉と〈Penguin Readers〉Easystarts〜Level 2）と、別の補講用に学科予算から拠出して購入した約250冊（〈Oxford Reading Tree〉Stage 1〜Stage 9）の約600冊でした。用意した本のうち専門に関連した本は〈Oxford Bookworms Factfiles〉シリーズが約30冊程度と全体の５％にしか満たないものでしたし、実際にこのような科学・事実系の本を自主的に好んで読む学生は、１クラス40人あたりで約１割未満でした。なお、このときの授業では本は図書館には置かず、私達の研究室にて管理し本を借りに来る学生の進度を個別に把握したり、本の選択についてアドバイスしたりしました。

　英文多読の授業を始めて驚いたのは、**英語に強い苦手意識を持ち、英語学習をあきらめかけていた学生**に好評だったことです。短文例リストを用いて文法規則を覚えたり、日本語キーワードとの対比で英単語を覚えたりと、断片的な知識を暗記するという彼等の英語学習のイメージが大きく変わり、「これなら、やれるかもしれない」と思ったようです。

　「電気技術英語」における１年半（３期分）の多読授業に手応えを感じ、図書館に3,000冊の多読用図書を導入したことを契機に、2004年度からは「電気技術英語」系科目を本科２〜５年と専攻科１、２年の６学年に配置し、多読中心の授業を展開しています。本科の授業は各クラス約40人で、授業回数は１週間に１回45分の授業を前期と後期の通年で行います。専攻科１、２年では各クラス約５人で、授業回数は１週間に１回45分の授業を通年で行います。また、本科４年の全クラス対象の一般科目「英語講読」

でも、英文多読を導入、英文多読が全学科に広がりつつあります。

また、成果も着実に上がり、他の指導法の効果と切り分けはできませんが、現在では、電気・電子システム工学科学生のTOEIC平均点は、同年代の高校生、大学生に追いつきつつあります（専攻科学生は大学生の平均を超えつつあります）。

以下、多読授業を実践するためのポイントを、我々の体験に照らし合わせて検討してみたいと思います。

●多読三原則について

訳読式の英文を読んできた人には、冗談のように聞こえるかもしれない三原則も、「**日本語を介さずに、英文を直接理解する**」**ための具体的な方法**であると考えれば、わかりやすく、かつ、適切な原則であることが納得できます。また、多読指導開始時に、最も留意すべき点でもあります。例えば、本校図書館の多読用図書に日本語のキーワードが書き込まれたものが見つかりました。たぶん、書きこんだ学生は、親切心から他の学生にも役立つだろうと、英和辞典で調べた日本語キーワードを書き込んだものと思われますが、多読のためには弊害にしかなりません。訳読式に慣れている学生を、英文と絵から内容を直接理解する読み方に導くには、時間と手間がかかります。授業やサークル等による経験者の支援がないと、なかなか継続できない理由が、ここにあります。多読授業における支援者の役割は、

1）**無理して難しい本を読んでいる学生にやさしい本をすすめる**
2）**学生の好みのジャンルを知り、同ジャンルに属するやさしい本をすすめる**

等、個別指導が中心になります。限られた授業時間に、40人程度の学生を指導するには、工夫が必要となります。実際には、1時間弱の授業時間中に40人の学生全員に声をかけることはできませんので、**ある日に声をかけられなかった学生には次の授業の時に**

声をかけるように心がけます。そのため、学生の読書の好みを知るまでにしばらく時間がかかります。

● **多読用図書の種類と量**

英文多読では、多読用図書の種類と量が、決定的に重要です。学生に人気の〈Oxford Reading Tree〉などは総語数が1語から1,000語で、1冊10分以内には読み終わってしまいます。一人の学生が1回の授業で数冊〜十数冊の本を読むわけですから、相当数の本が必要になります。多くの学生が1冊2,000〜3,000語以上の本を読むようになれば、必要な本の数は急激に減りますが、多読授業1年目でこの水準に達することは難しいと感じます。

我々の約40名の学生を対象とした多読授業では、読みやすさレベル0〜2の本を中心に600冊の多読用図書を準備しました。計10クラスが多読授業を行っている2004年度は、図書館に多読用図書3,000冊を準備し、かつ、総語数1,000語以下の本（〈Oxford Reading Tree〉他、約1,000冊）は、館外への貸し出しを停止して、授業用の図書を確保しています。英文多読の導入をスムーズに進めるためには、更なる図書の充実が欠かせません。

日本の漫画の英文版であるmangaも価格は割高ですが、若い学生には人気があり、今後は積極的に導入しようと考えています。

● **授業の場所**

十分な数の多読用図書を確保できれば、教室で行うほうが良いと思います。図書館では、受講者と他の図書館利用者が混在せざるをえないため、学生も集中し難く、個別指導もむずかしくなります。本校は小規模校で、教員が授業開始時から受講学生の顔を全て覚えているので、図書館での授業も、なんとかできるというのが実情でしょう。また、多読用図書が不足している現状では、図書館で授業をするしかないのではと考えています。総語数1,000語以下のやさしい本を、館内閲覧専用とすることで、複数クラスの授業用図書を確保しています。ただ、図書館で授業を行

うと、授業外での多読用に図書を貸し出すことは、スムーズにできるので、授業時間が短い割には、読書量が多くなるのではないかと期待しています。

● **読書記録**

多読授業を行うクラスが増えてからは、全員に読書記録手帳を購入させ、同手帳に各自の読書記録を付けさせています。ただし、総語数約300語以下の本は、1冊あたりの語数が極端に少ないため、複数冊の合計語数を、それ以上の本は、1冊ずつ記録させるようにしています。授業開始当初は、「めんどくさい」、「読んでいる時間より、記録している時間の方が長い」等の否定的な反応もありましたが、数回の授業を経て、読書記録をつけることが習慣化してくると、こんどは、級友の読書量が気になってきます。そこで、1週間からひと月間隔で、クラスの読書量のヒストグラムとクラス全体へのコメントとともにA4用紙1枚に作成し、さらに4分の1に縮小印刷したもの（『読書記録手帳』と同サイズ）を、クラス全学生に配布しています。健全な競争意識は、特に読書量が少ない1年目の指導には有効であろうと考えています。

読書記録手帳を、多読授業日の朝に提出させ、授業開始までに目を通し、あらかじめコメントを付けておくと、短い授業時間中に行う個別指導もやり易くなります。

● **成績評価**

授業で行う以上、成績評価は不可欠ですが、「楽しいから読む」という多読の良さを殺さないような成績評価法を工夫する必要があります。まず、各学生が読書記録手帳に記録した累積読書量を、可能な限り成績評価から切り離すことが大切だと考えています。累積読書量を成績評価と直結させると、成績のために読むという、後ろ向きの発想が生まれますし、読んでないのに記録するという短絡的な行動が発生すると、読書記録を個別指導に使う際に信頼性が低下してしまうからです。

定期試験には、TOEIC等の外部試験は使えません。そこで、我々は、現在、彼らが未読のやさしい英文を用いた読解力試験を実施しています。例えば、60分の試験時間であれば、2,000語程度の英文を2本、各20分間（分速100語）で読ませ、問題文を回収した後あらすじから、やや細かい記述まで内容に関する質問にそれぞれ10分間で回答させています。すなわち、**英文を適切な速度で読み、大まかな内容を把握する力が身についているかを**評価しています。

●教員

多読授業は、教員が解説する講義形式ではないので、担当教員には従来法とは別の資質が求められます。自ら読んでいない本を学生に薦めることはできませんから、まず、授業担当者は、学生が読む多読用図書を事前に読み、それらの水準とジャンルを知る必要があります。

そして、**多読を始めたばかりの学生の気持ちを体験できないか**と、**学生時代の第2外国語であったドイツ語での多読をしてみ**ました。挿絵は大いに理解を助ける／シリーズ物は読みやすい／好きな物語であれば、理解度が低くても読み続けることができる／日本語のキーワードは助けにならない（かえって邪魔になる）／読書速度は、かなり上昇（読み始めた頃が遅すぎるだけですが）／等が感想です。「わからないところを飛ばす」ことができると、ずいぶんと読書は楽になることを再認識できました。

（吉岡・豊田工業高等専門学校電気・電子システム工学科准教授
西澤・豊田工業高等専門学校電気・電子システム工学科教授）

■ 高専の多読指導(3)──佐藤秀則先生の場合

　佐藤先生はまず図書館に800冊のgraded readersを揃え、10人の生徒対象に**多読サークル**を始めました。多読用図書を揃えるだけでは充分ではなく、生徒に「なぜ多読が英語学習に効果的なのかを説く必要」があるという指摘は注目すべきです。そして「実際に多読をする時間と空間」を図書館で有志の生徒たちと週1時間とりました。多読サークルは、単位や成績とは関係なく、純粋に多読の楽しみを追求しやすいはずです。佐藤先生の学生の上達は目覚ましいものです。それは、生徒一人一人に対して充分な時間をとって、ていねいに個別指導ができたからです。大人数の授業になると授業運営に気をとられがちですが、この多読サークルの「精神」を理想としたいものです。

　生徒の多読のレベル上げが順調だというのは望ましいことですが、佐藤先生は多読三原則に加えて、英語が不得手の学生が挫折しないように「100万語までは低いレベルをた〜くさん読む」ことが大切と言います。

　また、ご自分でも学校の図書館で100万語多読を行うことで、佐藤先生は多読の有効性、そして英語図書の現状を知ることができました。それは指導方法だけでなく、購入、補充すべき多読用図書を知るために大いに役にたったそうです。

　図書費の確保は「教育界には嵐が吹いていますが、こういうときこそ逆に新規の予算がつきやすいことも事実」とまさに"ピンチはチャンス"を地で行くものです。図書館の利用冊数が以前の2割増になったのは多読用図書の効果でした。

　佐藤先生の実践報告は痛快でもあります。多読サークルとして、マイナスをプラスに変えて、大いに成果をあげている実践報告をぜひお読み下さい。

〈実践報告⑤〉

まずは小規模で多読サークル

大分工業高等専門学校　佐藤秀則

●高専と英語

　私は英語教員ではありませんが、高等専門学校の専門学科の教員をしながら、多読の指導をしています。仕事柄、怪しい記号や数式がいくつもある英語論文を読むことがあり、いつの間にかそこそこには読めるようになったものですから、英語もたくさん読んでいればそのうちたやすく読めるようになることを実感として感じておりました。それでも「英語論文が読めればペーパーバックや英会話は簡単だろう」なんてとんでもない、私の英語力はからっきしだめで、依然として英語コンプレックスの塊でした。

　一方、英語の先生方からは高専の英語教育がなかなか成果を見せず、授業時間数を増やす必要があるのではないかということを聞いていました。また、技術者教育にも世界的な標準化の波が押し寄せていて、JABEE（日本技術者教育認定機構）の認定には学生の英語力の最低保証が必要になってきています。そんな折に出会ったのが『快読100万語！』でした。多読の効用は感じていたものの、ここまで徹底した多読による英語学習法にははじめて出くわしたものですから、目から鱗だったのです。私の高専でも試してみたいと思った瞬間でした。あとは実行あるのみでした。

●まずは私自身

　こういうときにはまずは自分でやってみたくなるもの、学生の頃、1日1ページと決めて読んでいたやさしめの英語の本を再び取り出して読んでみました。学校の図書館でもやさしい本を探してみるのですが、残念ながらこの時点では皆無でした。英語の先生にも相談し、数冊の graded readers を借りることができました。本屋さんにも出かけてみました。

こういう時って楽しいものです。ただ、自分でも楽しんで英語力をつけようと思って始めたのに、**逐語訳から離れられない自分自身に気づいたときはショック**、まあ年齢から考えても長年の癖をとるのは難しいなとあきらめたものでした。それでも読んでいくうちに1冊を読む時間が短くなっていくのです。学生時代は1日1ページと決めて読んでいたのですが、2、3時間で1冊が読めるようになるとさすがに気持ちのいいものでした。

　そんなこんなで始めた自分自身のための多読も、いろいろとやっているうちに学校の英語図書の現状や学生の英語の実力、英語の授業構成などを多少とも知ることができ、結果的には今後何をすればよいのかを考えるいい材料を得ることができました。

● **多読サークルのはじまり**

　教育界には**嵐が吹いていますが、こういうときこそ逆に新規の予算がつきやすいことも事実**、JABEE関係で多読用図書の予算を獲得できました。本の選定はSSSに相談してGRの中の〈Oxford Reading Tree〉、〈Step into Reading〉、〈Penguin Young Readers〉、〈Macmillan (Guided) Readers〉、〈Penguin Readers〉、〈Oxford Bookworms〉、〈Oxford Bookworms Factfiles〉と幅広いレベルで約800冊を購入しました。全学生が英語の本を読める環境にすることと管理しやすさを考えて、図書館蔵書としました。後で係の人から冊数が多くて大変だったと聞きました。本当にありがたかったと思います。

　2003年9月末、約800冊が堂々新刊書の棚に並び、図書係のかたに図書館の玄関に紹介文を掲示していただきました。そのために、10月のGRの貸出し冊数が100冊に達して非常に嬉しかったことを覚えています。これまで図書館の貸出し冊数は月平均600冊程度でしたから、少ない数とは思えません。誰にも読まれず図書館に眠る本も多い中、GRに興味を持ってくれる学生がいることがわかってホッと胸をなでおろしたのでした。

とはいえこれだけでは、JABEE認定の対象となる専攻科生の実力アップには、すぐには結びつかないことに気づかされました。専攻科生全員に最低でもTOEIC400点相当の実力をつけることが求められているのですが、図書館にGRが揃ったというだけで専攻科生全員がGRをどんどん読むようになり、実力があがるというようにならないのは当然でした。**なぜ多読が英語学習に効果的なのかを説く必要がありました**。そして**実際に多読をする時間と空間とを用意する必要がある**なと思ったのです。

単位にはなりませんから一人一人に声をかけて誘いました。「英語がわかるということと翻訳できるということは違う能力」、「まずは英語の文を英語のままで頭からわかるようになろう」、「そのための訓練にはやさしい英語で多読するのが一番」、「一緒にやってみよう」。呼びかけた専攻科生12人のうち10人が集まり、11月から授業の空き時間である金曜日の1コマ目を利用して図書館でGRを読み始めることにしました。

冬の朝早いこともあっていつも来るのは4、5人でした。はじめの10冊位までは読みやすさレベル0の本を読んでもらい、その後はそれぞれに任せて読みたいものを読んでもらいました。指導といってもSSSのホームページにある「SSS教授法」を読んだだけの指導で、「多読三原則」を教えるだけでした。これまで英語の本1冊を読み上げるなどという経験のなかった学生が、薄いなりにも1冊また1冊と次々に読んでいくのですから驚きでした。〈Oxford Bookworms〉Stage 1～Stage 2 や〈Penguin Readers〉Level 1～Level 2 が好まれていたようです。たくさん読む学生は毎日1冊のペースで読んでいました。来ない学生の中には趣旨には賛同してくれていて、自宅で読んでいるという学生もいました。

でも今思うとこちらにも経験がなかったこともあり、レベルを上げ過ぎていたのかもしれません。英語の不得手な学生が休みがちになりました。多読三原則にもう一つ加えるとしたら「**100万**

語までは低いレベルをた〜くさん読む」ということです。

● **学生の上達**

2月の終わりに専攻科の学生との多読サークルは終了しましたが、その実力はどう変化したのでしょうか。短期間のことであり、人数も少ないのではっきりしたことは言えませんが、多読に励んだ学生の中にはTOEICの点数が100〜150点上昇した者が二人いました。また4月までで100万語達成した学生はTOEICではそれほどの伸びを示しませんでしたが、もとより読書が好きで、その中に英語の読書が加わったことが喜びのようでした。

この他にも面白い結果があります。それは**図書館の利用冊数の伸び**です。それはほぼ多読用英語図書の利用冊数に対応しており、以前の2割増の利用がありました。読書力は人生を2倍楽しむための力でもあります。少しでもそれに貢献できたならそれは望外の喜びです。

● **新たな一歩**

少しずつですが学内で多読の理解者も増えています。その中の一人のおかげで、新年度から空き時間読書を他の専攻でも始めることができました。

私の高専では新年度から、週に1コマ分の、単位とはならない授業（コミュニケーションアワー）が用意されました。現在は数学の補習や専門の演習などをやっていますが、この時間を利用して1年生を対象に多読の時間を設ける予定です。単位をめざすわけではなく希望者対象ですが、多読の楽しみを前面に出しやすいところに期待したいと思います。

さてここまではとんとん拍子に事が進んできましたが、これからはどうでしょう。地球上にさまざまな言語があるように、教育環境やその整備の仕方も様々です。**でも変わらないのは、幸せを生む読書、Happy Reading!**

（大分工業高等専門学校電気電子工学科教授）

■ 大学での多読指導(1)──黛道子先生の場合

　従来の英語授業方法に疑問を感じて「根本的な大変革の必要」を感じていた黛先生の100万語多読との出会いに共感する先生は少なくないはずです。「教わっている学生も仕方なくおつき合いをしているという表情」だったのが、多読授業では「学生たちは、真剣に、そして楽しそうに」読むようになったと報告しています。クラスの中では「アメリカの高校に1年間行った人も、中学の内容があやしい人も、同じ教室で楽しそうに本を読んで」いるそうです。

　黛先生は「教科書ではなく人を中心にするべき」とやさしい本の重要性を強調しています。教室に用意した中で一番やさしい本を読めない生徒がいても、「大丈夫。もっとやさしい本がありますから」と、さらにやさしい本を導入しました。そして、やさしい本は「力のない人に必要なのはもちろんですが、かなり読める人にも効果が期待できる」と書いています。

　英語力の低い学生の特徴の1つは「英語の勉強というのは単語を覚えることだと思っていること」と指摘しています。一生懸命、手間をかけて勉強しているつもりなのに、極端に英語が分からない、そういう生徒は結構いるものです。黛先生は力のない生徒を暖かく見守り「授業が自分のものと思えることが必要」と言います。先生自身の人柄もあるのですが、従来の英語授業で取りこぼしになっていた生徒をきちんと指導できる自信があるからこそ、先生は暖かい視線を生徒に注げるのだと私は考えます。

　また、黛先生は効果的な多読の授業のためには、**余分なプレッシャーを除く、学生の読む意欲が増すような魅力ある教材を用意する、小さな進歩が自覚できるようにする**、という3点をあげています。具体的にどのようなことでしょうか？　授業実践報告をお読み下さい。

〈実践報告⑥〉

楽しい多読授業の日々

順天堂大学　黛　道子

●100万語多読授業を始める前

　「なんとかしなくちゃ」と思い始めたのは、短大の看護学科で教え始めて6年経ったころです。一生懸命教えているにも関わらず、どうもたいして学生の力が伸びたようには思えなかったからです。テープを聴き、音読をし、ポイントになる文法事項を解説し、和訳し、さまざまに練習をし……という形式のいわゆる普通の授業をしていました。解説や練習の仕方など、毎年、工夫して、テキストをやさしいものに変えたり、文法に力を入れたり、音声を多めに入れたり、まめに小テストなどもやってみました。「わかってくれたのではないか」と感じたことは何回かありましたが、次の年になって別のテキストを読むと、あれほど教えたことはどこへやら、ちっとも身についていないのです。毎年がっかりすることの連続でした。それに、**教わっている学生も仕方なくおつき合いをしているという表情**なのです。教師という仕事がしだいにむなしく感じられました。なんとかする、と言ってもちょっとした工夫くらいではだめなことはわかりました。**根本的な大変革の必要**を感じました。

●留学体験に基づいた「多読」授業

　このとき、たくさん読んだら、という考えがちらと頭をかすめました。ずっと以前、アメリカの大学院で勉強していた頃、本をたくさん読んだ時期があり、その後、英語を使うのがぐんと楽になった経験があったのです。効果は実感しましたが、つらい体験でもありました。講義は毎週1冊のペースでどんどん進んでいく上に、評論なども読んでいないとディスカッションにはついていけず、課題レポートを書くのにも何冊か読まざるをえません。こ

ういう授業が続き、朝から晩まで、ご飯を食べる時間を除いてずっと本を読んで何日も過ごしたことがあります。言わば、強制多読の状態です。白い壁には英文の残像が見え、最後には英語に拒否反応が出て、英語を見ると吐き気がするほどでした。

いくらなんでも、こんな難行苦行を他人に勧めるわけにはいきません。いろいろ考えた末、私がイメージした多読授業は、語彙700～1000語のやさしい読み物（その頃はこれをやさしいと思っていました。今から考えると信じられませんが）を1学期に4冊くらい、文法ではなくストーリーの展開に注目して読むというものでした。従来多読と呼ばれてきた授業のスタイルです。でも、そこで問題になるのは学力差です。確かに英語が得意な人はついて来られるでしょうが、不得意な人が落伍することは目に見えています。結局、これもあきらめざるを得ませんでした。

● 100万語多読との出会い

そうやって、あれこれと考えてはあきらめることを繰り返していたある日、雑誌で偶然、100万語多読を紹介する記事を目にしました。「語彙数200語の本から」「辞書は引かない」など、そこに書いてあることはこれまでの常識とは違っていましたが、心に響くものがありました。その後、多読セットを買って自分でも読み始め、電気通信大学の多読授業を見学して、学生たちの真剣に本を読む姿が強く印象に残りました。だんだん100万語多読が私の夢になっていきました。

まずは2年生後期の選択科目（2002年度）に多読のコースを組みました。多読授業の始まりです。まずしなくてはならないのは、本をそろえることです。研究費に加えて自費で〈Penguin Readers〉Easystarts～Level 3 と〈Oxford Bookworms〉Starters～Level 3 を約130冊買い、〈I Can Read Books〉や〈Step into English〉などのネイティブの子供向きのシリーズを20冊ほど入れました。本の数が少ないのでクラスの募集を10人程

度としました。結局、13人でスタートし、学生からは1,500円ずつ集めて教材を補うことにしました。

　始めることにしたのはよいのですが、本当に本を読んでくれるのかが、まず心配でした。英語が苦手な人が多い私の生徒たちは、途中で投げ出してしまうのではないかと密かに恐れていました。でも、私のそういう懸念をみごとに振り切って、**学生たちは、真剣に、そして楽しそうに読んでくれました。**

●やさしい本の重要性

　始めてしばらくした頃、何人かが憂かない顔でページも進まないことに気がつきました。聞いてみると一番やさしい200語レベルでも難しいと言うのです。想像もしなかったことで、内心、少々あわてました。でも、そのときにタイトルと絵だけというところからスタートする〈Oxford Reading Tree〉シリーズを思い出し、学生には「**大丈夫。もっとやさしい本がありますから。**」**と伝えました。**それを聞いたときの学生の明るく輝いた目は忘れられません。このとき、教科書を中心に、わからない人にはそれを理解させようと、あれこれ手を使って教えこんできた自分の間違いに、はっきりと気がつきました。**教科書ではなく人を中心にするべきだったのです。**その中のひとりは、その後、次々にこのシリーズを読み続け、学期の終わりには総語数5,000語ほどのgraded readersなら楽に読めるようになりました。

　一人ずつに対応するとなると、学生をよく見るのと同時に、私の方も本を知らなくてはなりません。本を少しずつ買い増し、そのたびに私も読んでいきました。学生と本の話ができるようになるという楽しみも増えました。

　そしてうれしいおまけがひとつ。**もう今さら伸びることはないと思っていた私自身の読解力が、上がったように感じます。**学生に読んでもらうためのやさしい本ばかり読んでいたのに、専門の文学の研究書を読むときなど、見ている英文画面がワイドになっ

た感じで、以前より楽なのです。やさしい本の大切さがよくわかりました。

　それ以後、私は教材を選ぶときは、以前にも増してやさしい本を中心に、と考えるようになりました。力のない人に必要なのはもちろんですが、**かなり読める人にも効果が期待できる**からです。**レベルは無理に上げなくても、自然に上がっていくもの**だということも、学生を見ていてわかりました。中には、低いレベルのまま、停滞している人もいますが、もう少し時間をかけてやさしい本をさらにたくさん読めば、「読める」という感覚を味わえるのではないかと思います。

●英語の苦手な学生も得意な学生も一緒に

　英語が苦手な学生の特徴のひとつは、英語の勉強というのは単語を覚えることだと思っていることです。定期試験で不合格になった人のノートにはびっしりと、単語の訳を1つ1つ調べ、そのつづりを練習した跡が見られます。こんな無駄な努力をしている学生が気の毒になります。「単語病」は相当蔓延しています。読書記録で1行だけ書く感想欄に「単語がわからなかった」など、単語を意識した記述が多い人には特に内容の話を持ちかけるようにしています。感想に「このお父さんは家の父にそっくり。」という風に、内容に関するものが増えてくると、ひと安心です。**意識が単語を離れて文の流れに乗ってきた表れ**と考えられるからです。

　大学生を見て何より残念なのは、英語への意欲をすっかり失い、苦手意識で凝り固まっている人たちが少なからずいるということです。こういう人たちが再び、意欲と希望を取り戻すには、**授業が自分のものと思えることが必要**です。そういう意味では多読は一人一人のレベルに合わせることができ、誰にとっても「その人のための授業」をすることが可能です。教科書を使っての一斉授業と違って、学生のレベルの差で悩む必要がなくなりました。4

年制大学となった2004年度は、1年生全員が必修で多読を行っていますが、アメリカの高校に1年間行った人も、中学の内容があやしい人も、同じ教室で楽しそうに本を読んでいます。

●**多読を楽しいものにするために**

多読の授業を効果的にするには、何といっても「**楽しさ**」が大切なポイントです。楽しければ意欲も増し、長続きもするので、必然的に読書量増加につながります。楽しい授業にするために心がけているのは、**余分なプレッシャーを除く**、**学生の読む意欲が増すような魅力ある教材を用意する**、**小さな進歩が自覚できるようにする**ことです。

余分なプレッシャーを除くために、評価は出席70％、記録10％ということで、誰でもAが取れるようになっています。少しは努力も評価してほしいという学生からの声で、語数5万語ごとに2％、冊数100冊ごとに2％を加えることにしました。この部分は、無理してまで取りたいと思うほど多くなく、でもちょっとした励みになる、という程度にと考えて、毎回調整した結果、現在のさじ加減に落ち着いたものです。

魅力ある教材を用意するという点ですが、レベルも好みも人それぞれですから、対応するには多種類の本が必要となります。絵がかわいいものでないと読みたくないという人、ノンフィクションばかり読む人、テープと絵本のセットがお気に入りの人、いつも誰かが借り出しているmangaなど、挙げればきりがありません。そのため教材費がかなりかかります。

そして、**小さな進歩の自覚**という意味で昨年度から取り入れたのは、教室の後ろの壁に「100冊達成」とか「5万語達成」などと書いた大きい模造紙を貼り、それぞれの目標を達成した人が、はがき大のカードに感想やお薦めの本を書いて、そこに貼るというものです。初めは語数だけだったのですが、英語の苦手な学生は読む本がやさしいため、なかなか語数が増えないので、冊数と

両建てにしたのです。競争のためではなく、達成度を報告するような意味合いで、良い励みになっているように思います。

最後に成果という点ですが、半期で間に3週間の病院実習が入ったりしますので、授業回数も十分には取れず、読んだ語数も10万語に到達する人はほんの少しです。それでもそれなりの効果があったのでしょうか、昨年度、多読クラスと文献講読クラスのそれぞれに、学期開始時と終了時の2回ACEテスト（英語能力評価テスト）を実施したところ、多読クラスは文献クラスをしのぐ伸びを示しました。対象人数も少なく、この1回ではなんとも言えません。また、文献クラス選択者のほうが多読クラス選択者に比べて英語の成績が良い人が多かったので、成績の良い人の点数をさらに伸ばすほうがむずかしいといった事情も考慮しなくてはなりません。でも、好きな本を読み続けていけば、私が教え込んだりしなくても学生は自分で伸びていくことができるという思いが、いっそう深くなりました。

学生の表情も以前に比べ、生き生きしてきました。授業開始のころは、読書に乗り切れず、「3冊まで貸しますから、本を選んでください。」と言うと、「強制ですか？」と言った人も、いつの間にか本を借りて帰るようになったりするのを見ると、心のなかで「ほらね。」とつぶやいて、つい、にっこりしてしまいます。中には毎日のように借りに来る人も出て来たので、今後が楽しみです。これからも、**学生を応援する気持ちで見守っていきたいです。**

（順天堂大学医療看護学部准教授）

■ 大学での多読指導(2)──畑中貴美先生の場合

　畑中先生は、100万語多読授業は学生に好評で「英語を学ぶことへの意欲が高まっている」と報告しています。「文法や単語の暗記をする必要がなく、自分のペースで行える」ことから、従来の授業で取り残されがちだった英語の苦手な学生にも積極性が見られるようになったそうです。

　まず、**多読サークル**で「多読授業」を開始したことが、畑中先生にとって、正規授業で行う前のいい準備、予行演習になっています。多読用図書の準備に関して重要なことは、「初期の段階ではやさしい本が大量に必要となる」ということです。畑中先生が指摘するように「学生の好みとレベルに合った本をいかに多く揃えられるかが多読授業を成功させる重要な鍵」です。

　授業は90分、大半を読書にあてて、読書記録手帳に学生が本のタイトル、語数、一言感想を記入して提出、先生が励まし、アドバイスなどを記入して翌週返却という方式です。評価は「出席と英語運用能力テストの結果」に基づいて出しています。「常に学生とのコミュニケーションを取って個々の学生の好みを把握する」ようにして、教師が本を勧めるときには、決して「自分の好みを押し付けないことが大事」であると畑中先生は述べています。

　この授業実践報告で注目すべきことは、生徒に刺激をあたえ、より多読を楽しくするためのノンフィクション、manga、音声教材の導入です。朗読テープを聞きながら本を読むのも、各自、自由に聞けるようにして、やはり生徒一人一人が自分のペースで、好きな本を選んで聞けるようにしています。

　多読は出来るだけ長期で、少なくとも２年以上は継続していくことが好ましいと言う畑中先生の報告には他の科目の先生たちへの働きかけについてもふれられています。

〈実践報告⑦〉

多読授業に変化をつける

道都大学　畑中貴美

　大学で多読指導を行って今年で3年目になる。学生の反応はおおむね好評で「英語を読むことに抵抗がなくなった」「この方法だと英語が楽しく学べる」「もう少し長い話にも挑戦したい」といった感想が多く、**英語を学ぶことへの意欲が高まっている。**

　100万語多読と出会う前は全員が同じテキストを使う授業を行っていた。学生が興味を持ちそうなテキストを選び、授業の方法にもいろいろと工夫を凝らしてきたが、レベルや興味にばらつきがあるためすべての学生を満足させることは難しく、何か良い方法はないだろうかとずっと悩んでいた。

　そんなときに、やさしい本を大量に読むSSS多読のホームページを偶然見つけ、個々の学生が自分のレベルと興味に合わせて本を選んでいくこの方法なら、様々な学生に対応できるのではないかと思い、早速実践することにした。

　初年度は多読サークル形式を取り希望者を募って行った。同時に自分自身も多読を開始し、ネイティブの子ども向け絵本やgraded readers、児童書などジャンルやレベルを問わずにいろいろな本を読んでみた。子供向け絵本などは私自身も初めて目にしたものが多く、やさしい絵本からも学ぶことがたくさんあることを実感した。本を読むことが楽しく今では多読がすっかり趣味となっている。2年目から本格的に多読授業を開始した。**文法や単語の暗記をする必要がなく、自分のペースで行える**ことから、英語が苦手な学生も積極的に授業に出るようになった。

●多読用図書の準備

　学生の好みとレベルに合った本をいかに多く揃えられるかが多読授業を成功させる重要な鍵である。多くの種類と冊数がなけれ

ば学生が読みたいと思う本がすぐになくなってしまい、読み続ける意欲を失わせる恐れがある。このため特に**初期の段階ではやさしい本が大量に必要**となる。

　2002年度は、正規の授業として行うには本の数が十分ではなく、多読に対する反応を見てみたかったことから、**多読サークル**形式で実施した。研究室に相談に来る学生や教員に多読をすすめ、学生4名、教員2名（英語以外の専門）が多読を開始した。週に1度研究室に本を借りにきて、自宅や通勤・通学時、休み時間等に読むという形式で行った。貸し出しノートを作成し、タイトル、名前、返却日を記入。学生や教員の反応は良く、薄くても英語の本を1冊読み通せたのがうれしいという喜びの声が多かった。ただ、教員も参加ということで、GRの読みやすさレベル2〜3を中心に購入してしまい、レベル0〜1の本が足りなかった。多読サークルを実施して、レベル0〜1の本がどれほど必要かを痛感した。

　この反省をもとに2003年度は〈Oxford Reading Tree〉や〈Scholastic Reader〉、〈I Can Read Books〉、〈Step into Reading〉などの読みやすさレベル0〜1の絵本を増やした。全部で600冊程度を用意して1、2年対象の教養演習（通年、週1回）で多読授業を開始した。希望者が履修する教養演習は各学年とも10人前後の少人数クラスである。

　多読用図書は継続的に購入し、2004年度現在は1,000冊程度になっている。やさしい絵本に加えて、読みやすさレベル0〜1の〈Penguin Readers〉Easystarts〜Level 1と〈Macmillan (Guided) Readers〉Starters, Beginner、〈Oxford Bookworms Factfiles〉Stage 1〜Stage 2、読みやすさレベル2程度の絵本、児童書、読みやすさレベル4〜6のGR（映画のリトールドもの）とかなり増やし、幅広いレベルに対応できるようにした。またmanga（マンガの英語訳）と朗読テープ付の本も本格的に揃え

始めた。

● **多読授業の内容**

90分の授業の大半は、読書の時間に充てている。学生は読書手帳に読んだ本のタイトル、語数、一言感想を記録して授業終了時に提出する。読書手帳には励まし、アドバイスなどを記入して翌週返却する。希望者には本の貸し出しを行っている。大半の学生は教科書以外に英語の本を見るのは初めてなので、非常に新鮮に感じるようである。

1年後のアンケートでは、「英文に対して恐怖感を抱かなくなった」「英語を読めるようになったという実感がでてきた」という好意的な意見が多かった。〈Oxford Reading Tree〉から始め、1年経たないうちに〈Nate the Great〉や〈Marvin Redpost〉などの児童書シリーズを読む学生が出てきた一方で、なかなか読む量が増えず苦労する学生もいた。

● **学生とのコミュニケーションで本の好みを知る**

通常の英語の授業では、教師から学生への一方的流れが中心である。これに対して多読授業は教師、学生双方のやりとりがある。お互いが読んだ本の感想を話しあったり、おもしろかった本を相手に勧めたりと、英語の本を読むということにおいて対等の立場

▲ 畑中研究室での多読授業

でいるのはこれまでにないスタイルである。

　多読授業では、教師はアドバイザーという立場なので、常に学生とのコミュニケーションを取って個々の学生の好みを把握するように努めている。学生の好みは千差万別であり、こちらが良いと思っても受け付けないこともあれば、その逆に意外な本をおもしろがることもある。教師が本を勧めるときには、**決して自分の好みを押し付けないことが大事**である。

　授業を始めて意外だったのは、英語の絵本は好評であるが、その人気が長続きしないことだった。特にやさしい絵本はかわいい絵のものが多く、女子には人気があるが男子には不評なことが多い。学生が読めるレベルで興味をひく本が少ないと、読む本がなくてつまらなく感じ、本を読もうという意欲が薄れてくる。特に**多読開始当初は、自分が読みたい本と実際に読める本との差がある**ので、学生の興味をひくやさしい本を数多く用意して、やる気を継続させるように努めている。また、始めのうちは英語の本を読むことを新鮮に感じていても、数ヶ月経つとマンネリ化して読むペースが落ち、意欲が薄れる学生もいるので、定期的に新しい本を用意し刺激を与えている。

● *ノンフィクションや manga の導入*

　授業90分のほとんどを静かに各自が読書をする時間に充てても、集中力が続かない学生もいる。そのため、多読授業に変化をつけることが必要となってくる。

　2003年の後半からは〈Nelson PM＋〉シリーズなどの**ノンフィクションや manga** を取り入れた。manga で人気があるのは *Spirited Away*（『千と千尋の神隠し』）、*Dragon Ball*、*One Piece*、*Slam Dunk*、*Vagabond*、*Doraemon* などである。この manga の反応は予想以上に良く、新しい manga が入ったときには目を輝かせて本当にうれしそうな表情をして読んでいる。日本語で読んだことがある manga を選ぶ傾向が多いが、まだ読んで

いない部分を知りたいと英語版に挑戦する学生もいる。

しかし、mangaには問題点もあると感じている。意欲を高めるのに非常に効果的であるが、絵が理解を助けることから、実際の英語の吸収量は少ないと思われる。mangaしか読まない学生に対しては、やさしい絵本なども同時に読むように指導している。

●音声素材の導入

これまでの多読授業で単語の発音を質問してくる学生がいたため、**音声をインプットする必要性**を感じ、2004年度から音声素材を導入した。Scholastic社から出ている絵本とテープ付の50冊セットや〈Frog and Toad〉、〈Curious George〉など学生に人気の本のテープ、そしてGRのCDなどを購入した。教室にはCDラジカセとヘッドホンを3セット用意して、各自、自由に聞けるようにしたところ、音声を聞きながら読むというスタイルが気に入って毎回聞く学生も出てきた。絵本の朗読テープは効果音が入っていて、楽しいものが多い。出来るだけ多く英語の音に触れさせるために、今後さらに絵本の音声素材を増やしていく予定である。

●評価について

評価の問題は一番悩んだところである。読んだ語数で決めようかとも考えたがそれでは良い成績を取りたいために読んだフリをする学生がでるのではないかと思い、**出席と年2回実施する英語運用能力テストの結果**を参考にして評価を出すことにした。

●多読授業を行ってみて

これまでの例を見ていると、1年目はあまり読まなかった学生でもTOEIC受験や就職に向けて、また海外旅行に行ったことがきっかけで、ある時から急に読みだすケースが出てきている。このことから**多読は出来るだけ長期で、少なくとも2年以上は継続していくことが好ましい**と感じている。特に英語の基礎力が不足している学生ほど長い時間をかける必要がある。

多読を継続させるためには学生の好みに合わせて常に新しい本を増やしていくことが重要である。SSSのサイトにはやさしい絵本からペーパーバックまで非常に多くの書評が登録されている。この書評を参考にして学生が興味を持ちそうな本や音声素材を探し、蔵書を充実させていくように努めている。

　これまで多読授業は選択の英語で取り入れてきたが、英語の本を読む楽しさを多くの学生に伝えるために、今後は必修の英語で多読を行いたいと考えている。しかし、必修の英語は半期終了のセメスター制を採用しているため、授業終了後も多読を継続できるような環境づくりを考えなければならない。

　多読を学内で広めるためには**英語教員だけでなく専門教員への働きかけが必要**である。本学でも専門教員に働きかけたところ、美術学部の上坂講師からゼミ生へ向けて多読授業の依頼があり、2004年度から週に一度実施することになった。絵本の多読は英語だけでなくデザインの勉強にもなるというのが理由である。この授業は単位と関係ないため、ゼミ生だけでなく多読に興味を持った学生は、学部学年を問わず誰でも参加可能とした。また上坂講師も毎回学生と一緒に参加している。参加学生の反応が非常に良いことから、デザイン専攻学生に対して多読授業を正式に取り入れる提案が出されている。

　3年間の多読指導で感じたことは、授業の主役は学生であり、学生によって変化するということである。毎年、試行錯誤を繰り返しながら個々の学生がおもしろい本とめぐりあえるように努力している。その中で、楽しそうに本を読んでいる学生を見るのは本当にうれしいものである。

　多くの教師が自分自身で多読を始め、本を読む楽しさ、英語を学ぶ楽しさを学生に伝えて欲しいと願っている。

(道都大学共通教育部准教授)

SSSのウェブサイトとは？

　この本のあちこちで言及されるSSSのウェブサイト（http://www.seg.co.jp/sss/）は、SSS英語多読研究会が運営している非営利の場です。この本の著者二人はこのウェブサイトと全面的に協力し合って多読を研究し、広めてきました。100万語多読（ウェブサイト上では「SSS多読」）には多読三原則と書評と掲示板という3本の柱があり、多読三原則以外の柱はSSSのウェブサイト上にあります。書評ページも掲示板も、そのボランティア精神のすばらしさはインターネット上では希有の存在といっていいと思います。どちらも多読を楽しむ人たちが日に2,000を越すアクセスを通じて作り上げてきました。

* 　書評ページにはGRから絵本や大人向けペーパーバックまで実に5,000冊を越える多読用図書が紹介されています。その詳細さは驚くべきもので、総語数、レベル分け、分野別、内容紹介、感想、ISBNなど、かゆいところに手の届くこまやかなデータです。100万語多読の鍵は一人一人の力と好みにあった本選びだと本文に書きましたが、SSSの書評ページはそのための大事なヒントをくれるところです。

* 　掲示板は多読をはじめようという人や続けている人がつどって、疑問や悩みを書いたり、それに対する返答を投稿したり、またさまざまな情報交換をしたりしています。第4章でくわしく読むことができますが、「仲間同士」の多読指導の理想的な形があると言えます。

　100万語多読はまだ始まったばかりなので、掲示板上で助言をする人たちも（この本の著者二人を含めて）まだわかっていないことがたくさんあります。投稿はどれもすばらしい洞察に満ちていて、掲示板を熟読するだけで100万語多読の大事なところはすべてわかるはずです。多読授業の雰囲気をSSSの掲示板と同じようにすることは著者たちの夢です。

第 4 章

多読指導の広がり
―― 子どもから社会人まで

〈Oxford Bookworms〉

〈Oxford Bookworms〉────────

　一番やさしい Starter は使用語彙250語の薄めの本で、カラフルなイラストが生徒の興味をひくことでしょう。マンガ形式のものが人気です。その上に、使用語彙400語ながら総語数5,000語以上で本格的洋書の入り口と言える Stage 1 から、一般の洋書ペーパーバック並みの使用語彙2,500語で総語数25,000語程度の Stage 6 までがあります。現代文学から古典までの様々なジャンルのリトールド版なので、大人も楽しめる内容であるのが特徴です。

　フルカラーの写真が満載のノンフィクションシリーズ〈Oxford Bookworms Factfiles〉もあります。

第4章

多読指導の広がり──子どもから社会人まで

　100万語多読は2004年現在、おもに社会人と小学生以下でめざましい成果を上げています。学校現場でも第1章、第3章で紹介したように十分めざましいのですが、社会人と小学生以下の年齢層にくらべると、広がり方では多少負けているきらいがあります。

　これは100万語多読が第1章、第2章で見てきたように、これまでの授業の枠にはまりにくいからだと思われます。前章ではそうした「障碍」を乗り越えて100万語多読を学校の中で取り入れた先生方の指導を見てきました。本章では学校外の多読指導を見ていきましょう。授業、成績、点数といった枠にとらわれない指導の仕方を見ると、発展途上とはいえ多読指導の理想の姿がうっすらと見えてくるような気がします。わたしたち「学校」の枠内で多読を指導する人間にとっては高嶺の花のようなものですが、参考になる点はいくつもいくつもあるはずです。

　たとえば、児童英語教室や家庭で行われている**読み聞かせ**は中

高大学の教室では行われていないと思いますが、特に入門期にはぜひ導入を考えてはどうでしょうか？　絵を見せながら読み聞かせると**「文字が読めないことに焦る必要がない」**ことは、神奈川県の白朋セミナーで小学6年生を対象に多読指導をした中沢賢治さんも報告されています（大修館書店『英語教育』2004年2月号）。中沢さんによると「アルファベットさえ教える必要はない」というのです。たくさん読み聞かせているうちに、子どもたちは自分から英語を読もうとして、綴りとその音声化の方法を見つけていくのだそうです。子どもたち、生徒、そして大人たちのそうした意欲と可能性はどうすれば花開くのか、そのヒントを見つけてください。

学習塾での多読指導(1)
── 河野美紀子先生・黒田弘美先生の場合

　河野先生、黒田先生は大阪梅田にある学習塾で中学生を指導しています。実際のクラスの様子は少人数なこともあってとても「家庭的」な雰囲気ですが、加えてお二人がいつも生徒たちの気持ちに寄り添おうとしている姿勢もそうした雰囲気作りに貢献していると思います。

　クラスの時間すべてを読書に使って静かに読む多読授業も可能ですが、河野先生、黒田先生のクラスでは一人一人の興味や関心に合わせて、教室のこちらで読書中の子ども、あちらで読み聞かせ、またあちらでは朗読テープをイヤホンで聴きながら読んでいます。

　こうした経験から出てきた「読み聞かせは必須」というお二人の感想は注目に値します。読み聞かせはこの章のあとのほうに出てくる児童英語教室や家庭での試みでも大事な役割を持っています。

　河野先生と黒田先生のクラスでは、秋になると絵本を卒業して挿絵の入った GR を「自分から読み始め」たそうです。もっとも、そうなると今度は「読めているのか確かめたくなる気持ち」との葛藤が先生の中に生まれ、さらに「生徒との距離のとり方を迷う」ことになります。そうした山あり谷ありの「中学1年生からの指導」の1年間をじっくり読んでください。楽しく読むことを第一にして、寝たい子どもはそっとしておけば「『わ〜、寝たー』と目を覚まして再び読み始めてくれ」るところに、お二人と生徒たちのあいだの信頼関係を見ることができると思います。

〈実践報告⑧〉

中学1年生への多読指導

河野美紀子・黒田弘美

学習塾 SEG-WEST で私たちが担当しているのは中学1年生対象の「基礎からの100万語」クラスです。英語を始めたばかりの生徒相手に、手探り状態でしたが、英語で本を読む習慣が生徒に着実に根付いてきました。2004年度は月曜日クラス（女子3名）と土曜日クラス（男子4名女子3名の計7名）、それぞれ週に1回2時間の昨年度の授業の様子をご紹介したいと思います。

● 1学期

2時間の授業は10分の休憩をはさみ、音読、読み聞かせ、テープリスニング（クラス全体に絵本を見せながらテープを流します）、個々に読むといったパターンで進みます。主に読んだ〈Oxford Reading Tree〉は、ストーリーを絵で想像しやすく、隠れキャラ、登場人物の豊かな表情など細部まで楽しめる、優れた教材です。英語が読めずに多読に入る場合、とにかく文字と音とを切り離すことはできないと実感します。**読み聞かせは必須**ですし、本に付いている CD やテープの活用も効果的だと思います。クラス全体への〈Oxford Reading Tree〉読み聞かせの場合、理想的には1人1冊、又は2、3人に1冊の本が生徒の手元に必要でした。〈Oxford Reading Tree〉Stage 1+、2、3のなかから一冊を選んで読み聞かせした後、生徒が順番に声を出して1ページずつ読んでいくのも楽しかったです。一人で読んでいるときに、個人的に横で一緒に小さな声を出して読むサポートも続けました。

開始後1ヶ月程で大体〈Oxford Reading Tree〉Stage 2、3をひとり立ちして読めるようになり、5〜6月には、各自のペースで〈Oxford Reading Tree〉以外にも、〈I Can Read Books〉、〈Step into Reading〉Step 1（旧〈Super Early Early〉）なども自

然に読んでいました。学期当初は、話を楽しめることと文字が読めることとのギャップに気付き（読書好きな子は絵だけで想像できるため）内心あせっていましたが、学校で習う英語にも助けられているようで、学期末にはすらすら読めるようになりました。**最初に文字が読めないことに焦る必要がないことがわかりました。**

　大人気だったのは〈The Gruffalo〉、〈Frog and Toad〉、〈Curious George〉シリーズなどです。このようなテープ付き絵本に関しては、ウォークマンとヘッドホン利用で、各自が好きな本を**「聴きながら読む」**という方法も効果的でした。テープには興味を示さずひたすら読む生徒もいましたが、自分が心地よいスタイルで読むのが一番だと思います。

　〈Oxford Reading Tree〉Stage 6 を手にしている子もいました。時たま近づいてどんなお話なのかを聞いたり音読をしてもらったりしていましたが、黙読している子への声かけのタイミングに気を遣いました。もっと積極的に関わっていくべきか、見守っていればいいのかよく戸惑いを覚えました。またこの時期は借りて帰る本は平均して3〜4冊といったところでしょうか。

● **2学期**

　二学期になると、シャドーイングやオーバーラッピング（流れてくる音声に重ねてスクリプトを音読していく）を取り入れました。素材は『Longman おはなし CD 絵本』（Addison Wesley 社）、*My Friends*、〈Oxford Reading Tree〉Stage 3 などです。もちろん完璧なシャドーイングはまだ無理なので簡単な内容の本に限りますが、あらかじめクラス全体で本を読んで話の流れを頭に入れておけば何とかなるようです。暇さえあれば持参の CD（英語の歌）を聴いていた生徒はやはり無意識のうちに英語のリズムを身に付けているようでシャドーイングの上達は著しいものがありました。

　読む力がついてきた秋の終わりごろに読書記録手帳を渡しまし

たが、記録をつける、つけない、気が向いたら、という風に、記録の仕方は生徒に任せました。中にはこれで読書意欲に火がついた生徒もいました。記録することで集中力が生まれ、読書ペースがあがったのです。記録にこだわって速く読もうとするあまり、1冊1冊の本が素通りしていくのではと心配しましたが、とにかく楽しんでいる様子なので見守るうちに、かなり読書力が育っていました。この場合のように、**生徒との距離のとり方を迷うこと**は多いです。見守る姿勢が大切と分かっていても、ちゃんと読めているかどうか確かめたい気持ちとの間に葛藤が生じます。

そのうち、**数人が〈Penguin Readers〉Easystarts を自分から読み始めました。**児童書を好む生徒は〈I Can Read Books〉、〈Step into Reading〉、〈Puffin Easy-to-Read〉などの読みやすさレベル1の本を中心に読み、記録をつけはじめてから50日（課外読書も含む）で33,000語。11月に入った頃、〈Harry Potter〉を集中して聴き読みを始めた生徒がいて驚きました。翻訳本は愛読書だそうです。本当に読書好きな子は内容を楽しもうとするため、多読のコツが身に付くのが早く、どんどん読みたい本に出会っていくようです。このようにどの子も驚くほど進歩がみられ、読みたい本にもそれぞれの個性がでるようになりました。もうここまできたら出番はなくなり黙って見守るということに徹していました。本音をいうと生徒が少ない上になにもしないでいることは自分の存在意義も感じられず、教師にとっては非常にしんどい時間でした。しかし生徒が一人で読めるようになったということで達成感のようなものはありました。

● **3学期**

月曜日クラスで〈Penguin Readers〉Easystarts を読み始めていた生徒一人が退塾して人数が極端に減ると、**一緒に読んでいく仲間の重要性**を感じました。一方、土曜日クラスは皆が仲良く集まるのは良いのですが、賑やかすぎる傾向もありました。楽しい

雰囲気はそのままで、読書に各自が集中する環境を作るのはなかなか難しいところです。

1年間の多読クラスが終わりに近づいた頃には、ほぼ全員が〈Oxford Reading Tree〉Stage 8〜Stage 9まで到達しており、Roald Dahl の *Esio Trot* を持ち帰りで数週間かけて読んだ生徒もいました。読む本の種類はいろいろでも、この頃には**マイペースで自分の読書スタイル**を示すようになりました。正直、中学一年生でここまで英語を読めるようになるとは予測していませんでした。

●**授業を振り返って**

去年は静かに読書三昧という落ち着いたクラスとバイタリティー溢れるにぎやかなクラスで、クラス運営に関して全く対照的な悩みを抱えた1年でしたが、それでも共通に断言できるのは、「**読みたい本を見つける手助けをする**」と「楽しい**読書の雰囲気を作る**」の2点が私たちの役目であるということです。

自主的に読んでもらう解決の糸口は生徒の興味をひく本を見つけることにある、とも実感しています。子どもは正直なもので、読みたくない本は読んでくれません。気に入った本に出会うと一気に読み始めます。そのためにもできるだけ沢山の本を揃えることは非常に重要だと思います。予算は限られていますから、最大公約数的な人気本を探すのがポイントですが、その代表格は manga だと見受けられます。けっこう骨があるセリフが飛び交っていますが、読んでいる（実は見ている？）その目は生き生きしています。manga に限らず、日本語で読んだことがある本の英語版にも積極的です。〈Harry Potter〉は、映画で見た子、翻訳本を読んだ子、共に興味津々で会話が弾み、各章のタイトルが読めただけで大喜びしていました。

SEG-WEST では、好きな本を7冊まで持ち帰ることができます。皆それぞれ忙しい様子で、借りるのは大抵2、3冊ですが、

たまに7冊借りて帰る生徒もいます。もちろん1冊でもいいし、借りなくてもいいのです。授業中も、とにかく楽しく読むことが一番ですから、自由を大切にしています。疲れて本を前に寝てしまう生徒がいても、そっとしておけば「わ〜、寝てたー」と目を覚まして再び読み始めてくれます。

　読書を純粋に楽しむため、語意やスペル、文法には基本的に触れません。生徒から質問が出たり、生徒の戸惑いを感じたりした時に、軽く説明する程度です。丸ごと英語のかたまりでストーリーの展開についていけるのだから、それで十分だと思っています。多読を中学1年から継続すると将来の成績にどう反映するか興味がありますが、結果はプラスのはずだと思います。

　辞書なしで読める本をひたすら楽しんで読むという100万語多読の発想は、それまで辞書を片手に背伸びして高いレベルの本を読もうと頑張っていた私たちには衝撃的でした。実際に児童書を読んでみると本当に楽しく、内容は奥が深く、時には辛口のメッセージが隠れていることもあるのでワクワクしながら読んでいます。読書はガンバルものではなく楽しむものなのだと、まさに目からウロコでした。今では児童書の面白さにすっかり夢中で暇さえあれば読んでいます。日本語のフィルターを通さずに読む習慣が身についたのか、読書スピードも上がってきました。この1年あまり生徒と一緒に多読の道を歩んできて、生徒も自分も確実に成長したと感じています。今年も生徒がどのような感動、驚きを与えてくれるのかとても楽しみです。そしてこれからも生徒と共にHappy Readingしていきたいと思っています。

（SEG-WEST 多読基礎クラス講師）

■ 学習塾での多読指導(2)──渡辺賢一郎先生の場合

　学校は成績評価があるので、100万語多読のようなopen-ended schemeはなかなか取り入れにくいのですが、受験をめざす塾の中にもただ受験のみを目標とすることを潔しとせずに、なんとか受験後にも役に立つ指導を心がけているところがあります。渡辺先生はそうしたきわめてまれな塾で中学生、高校生に100万語多読を指導しています。

　渡辺先生の多読クラスを見学すると、まず驚くのは渡辺先生が生徒をとても大切にしていることです。渡辺先生は決して先生の方が生徒より上だとか、えらいという風には思っていません。渡辺先生自身も何百万語も読んでいますが、生徒に話しかけるときにはそんな気配は微塵もありません。いつも生徒とおなじ目の高さから、「ぼくはこの本を読むといいと思うけど、きみはどう思うだろう。この本を読んでも読まなくてもどっちでもいいんだけど」というメッセージを柔らかく伝えています。生徒たちはいつも「すべてを決めるのは自分だ」と思って英語の読書を進めるのです。

　渡辺先生の文章は渡辺先生のクラスそのまま、たゆたうが如く、包みこむが如く、一読、生徒が渡辺先生の大きく深い懐で自在に多読をしている様がわかるように思われます。その様子は「独自の読書スタイルを確立する人物」に対する愛情あふれる描写にもうかがえます。

　すべては渡辺先生の文章から読み取れるのではないかと思われるので、内容ではなく文体から多読指導の神髄（？）を汲み取ってください。紙幅の都合から、渡辺先生の原稿に手を入れざるを得ませんでした。なんとか元の原稿にあった温かさを損なわなかったことを祈るのみです。

〈実践報告⑨〉

生徒と同じ目の高さから

渡辺賢一郎

　塾の多読クラスにやってくる生徒さんは本当にさまざまで、学年も違えば学校も違い、英語の学習量もばらばらです。意外なことに、この頃では多読を学校でやっているという子がいることがあります。けれども話をよく聞いてみると、実は夏休みの宿題に高めのレベルのGRを1冊渡され、休み明けに試験をされた、という場合が多いようです。また自分一人で考えて多読をしようと思い立ったという生徒さんもいます。もちろん多読経験がまったくないという子もたくさんいます。

　このようないろいろなタイプの子たちを前にして、こちらはまず最初のクラスで、多読の三原則をひととおり説明します。この原則の話を聞いて、大方の子どもたちはそんなものかと納得してくれるようですが、疑念を呈する人物もごくまれに現れます。けれどもこれは、いわゆる学校英語の授業を日々受けていることを考えれば、まったく当然の反応で、いきなり辞書も文法書も使わずに多読をしなさいといわれてとまどうのは当たり前なのです。

　原則の説明を終えると、すぐに多読を開始します。最初はまだ一人一人の好みもペースもわからないので、手探り状態です。そこで誰が読んでも平均的におもしろいと思われる〈Oxford Reading Tree〉から読んでもらいます。このシリーズはたいへんよくできたシリーズで、特に導入の時期には最適だと思っているのですが、それでも「普通」「微妙」「絵がキライ」といった、否定的な発言をする生徒もいます。そういう場合は別のシリーズから数冊ずつ選んで、しばらく試し読みをしてもらいます。そうするうちにたいていの子は好みのシリーズやジャンルを見つけて、軌道に乗っていきます。

●本の好みなど

　こうして何度か顔をあわせるうちに、しだいにお互いうちとけてきて、この子はこういうタイプの本が好きでこういうものが苦手なのだな、とこちらにわかってきます。たとえばGRには、ごくまれに非常に怖い本、暗澹たる気持ちにさせてくれる本があり、そしてそれは非常にうれしいことだと思うのですが、そういう本は興味のある子には絶対におすすめします。もちろん怖い本はやはり怖いという人もいますから、本をわたす前に必ず怖い本は平気かどうかたずねます。また講師にとっては絵を見るだけで笑いが止まらなくなるような本もあるのですが、そういう本をすすめてみて、読んだ後に感想をきくと「普通」といわれ、少し残念なこともあります。それはしかたのないこととあきらめて、他のターゲットを探します。

　こうしてあれこれ本をすすめたり、読んだ本の感想をたずねたりしているうちに、さまざまな傾向がわかってきます。本の好みはもちろんですが、そのほかに、その子が英文を読むときに「どのあたりに困難を感じるのか」、逆に言えば「どのような点を英語の学習の中心に考えているのか」がだいたいわかります。最近の例では、ある生徒さんがどうしても辞書を引きたくなるというので、しばらくああでもないこうでもないと問答を続けた末、判明したのが、非常に基本的な単語が見たことのない使い方をされていて、それがよくわからないということでした。こういうふうに自分の感じている疑問を言葉で表わしてくれることはこちらとしてもとても助かり、とてもよいことだと思っています。この子にはその後、日本語でも読んだことがあるという童話から、非常に簡単なものを数冊選んで読んでもらいました。簡単なレベルの本でも、童話やネイティブの幼児向けの本には、少し変わった言葉の使い方をしているものがありますから、こうした言葉の使い方に対する抵抗を、やさしい本から読んでいくことで、少なくし

てもらおうというのがねらいです。

● **自分のペースで**

　3回目あたりの授業になると、しだいに一人一人自分のペースで多読を進めていくようになります。どのあたりのレベルの本がいまの自分にとって一番快適に読める本なのか、それをまず見つけてもらうことが大切で、できればやさしすぎるくらいの本をすらすら読むことを目標にしてもらうように、こちらは密かにあれこれの手段を試みます。しかし、どうしてもむずかしい本を読みたいという子がいます。そこで、こういう生徒さんには、ひとまずむずかしい本を読みたいように読んでもらい、その様子をみて読みつづけるのがつらそうなら途中でやめてもらい、または、たいていの場合は1冊読むと疲れてしまいますから、いまむずかしいのを読んだからこんどは簡単なのを読みましょう、とすかさずやさしい本を何冊かわたすようにしています。もっとも、むずかしい本を読みつづけていく子も少なからずいます。その子がむずかしい本を読めると言うことですから、それは本人に英語の力があるということで、もちろんよいことなのですが、はたしてその子が非常に多用な使い方をされる基本的な単語にじゅうぶんに親しんでくれているかどうか、ときどき不安に感じることもあります。その場合には、ネイティブの子ども向けのシリーズなどを、ときどき読んでもらうことにしています。

　1回の授業時間は3時間です。けれども3時間ひたすら本を読みつづけてもらうというわけではありません。45分読む毎に15分間の休憩をはさんでいます。読書中はお茶を飲んでもかまいませんし、あまりにおいの強いものでない限り何を食べてもいいことにしています。できるだけリラックスして自分のペースで本を読んでもらうことが大切で、そうでなければ大人でも3時間はなかなかたいへんです。このクラスは、教師は何も教えない、生徒が自分で読むしかないという、実は厳しいクラスでもあるわけです

が、そのあたりは生徒さんもしっかりしたもので、自分なりの仕方でどんどん読み進めていきます。なかには独自の読書スタイルを確立する人物さえあらわれます。たとえば、クラスの最後の15分は必ずマンガを読むことにする、と宣言する子が現れたりします。また自分で目標を決めて、このシリーズを全冊読破するまで他は一切読まないことにするという子もいますし、むずかしい本をほんとうはじゅうぶんに読めるのに、あえてやさしいシリーズを片端から読んでいく、という子もいます。この最後のやり方を実践している子は、高校生なのですが、もはや多読が趣味になっている子で、むずかしいものも読めるのに、むずかしいものを読まなければならないと思わない、ただただ楽しんで毎週通っているというタイプの子です。これは理想的な多読の仕方で、実はうらやましく思っています。

●クラスの終わりには

毎回のクラスの終わりの時間には、次の週までに読んできてもらう本を一人一人と相談して選びます。1冊から3冊を、通学の電車を待つ間などに、できれば読んでもらいたいのですが、この頃の中学生高校生は、部活があり体育祭があり音楽祭があり修学旅行があり、もちろん勉強に試験もありと、信じられないくらいに多忙です。何冊も借りたのに結局1冊も読めなかった、ということもよくあります。それでもカバンに1～2冊、英語の本を忍ばせておくということは、悪くないことです。できれば多読を勉強という意識でするのではなく日常生活の一部にしてほしいのです。特に多読を始めたばかりのころは、自分のレベルにあった本、または少しやさしすぎるレベルの本をたくさん読むことと、多読の習慣をつけることとの、ふたつが大切と考えています。毎週1回クラスに来て読むことでペースをつくり、できればその多読を1年そして2年、3年と続けていき、受験のときは少し休んでも、大学に入ってから、また大学を卒業してからも、ずっと続けてく

れるといいと思います。

　中学生や高校生が、定期試験や受験のことを考えるのは当然のことです。しかしそのことばかり考えてしまうと、多読に対して心理的にブレーキがかかってしまいます。たしかに多読には即効性がありませんし、学習のポイントもあやふやに感じられ、なんだかたよりない、こんなふうに多読するよりも単語帳を1ページでも覚えたほうが受験のためにはよいのではないか、と不安に思うことがあると思います。けれども単語帳に載っている単語を片端から暗記することは、多読をしているうちに自然に意識に蓄積していく単語の記憶とは比べものにならない貧しいものです。無理に覚えた単語は、一時的に記憶に積めこまれるだけで、すぐに消えてしまいます。たとえその単語が単語帳のなかで太字になっていたり、斜体になっていたり、印がたくさんついていても、多読の最中に何度も出会った単語のほうがよほど印象に残ります。また、受験にそなえて、評論文などで使われる単語を覚えたいという生徒さんもいます。そういう子には、しばらくやさしい本で多読に慣れてもらってから、ノンフィクションの本を、これもやさしいものから読んでみるようにすすめます。

(SEG 英語多読クラス講師)

■ 学習塾での多読指導(3)──小柳津佳世先生の場合

　小柳津先生の報告はこれまでの英語教育に対する苦渋に満ちているように思われます。小柳津先生の英語教室には小学4年生から高校3年生までいて、以前は中高生の場合はおもに学校の補習と受験準備を行っていたそうです。その間ずっと小柳津先生は、「問題に対する答えを書くための英語の勉強では、英語を『使っている』感じには、まずなれない」と思っていました。また、学校教育は「こぼれた人の苦手意識をずっとそのままにしておくようなシステム」であり、「解答にいたるためにしなければならない分析、手順を追ううち、ひとつひとつの問題が生徒をしばりあげて」いくと感じていたそうです。たしかに学校の授業では正解が決まっていて、ほとんどの場合、どの子も「正解にどれだけ近いか」で評価されます。小柳津先生が小学4年生から英語を教えるようになったのは中学校に入る前に「『評価』を受けない英語学習をしていてほしかった」からだということです。

　1つの正解へ向かってではなく、1冊の本を自分の好きなように読んでいい100万語多読は、辞書や文法にもとづいた授業からすると、ひょっとしたらいい加減に見えることでしょう。けれども子どもたちの苦しむ姿に心を痛めていた小柳津先生はそのいい意味の「いい加減さ」に光明を見いだしているようです。答えのわからない問題にぶつかると、そこから一歩も進めなかった中学3年生が、多読の結果「先へ進む意欲が出てきた」こと、また高校3年生で、「長文はきっちり和訳して、解かなければ」という思いこみがなくなり、長文問題が楽に思えるようになったことなどは、評価と成績で心までがんじがらめになっている子どもたちが、多読でほっと一息入れていることがうかがえます。

　上の高校3年生の例から、長文対策に目的を絞って受験生に多読をさせることも高等学校では可能かもしれません。

〈実践報告⑩〉

受験につながる英語多読塾

小柳津佳世

　私は、小学4年生から高校3年生までを対象とした英語補習塾で教えています。教室で多読授業を始めるにあたり、まず、自分が「学習者として多読を体験」することを優先し、GRの読みやすさレベル1〜3を中心に、後半児童書をまぜて読み、多読開始から4ヶ月ほどで100万語を通過しました。その後、英語教室の蔵書としても、自分の読書という点でも、さらにもっとやさしい本の必要を感じて、そういう本を多めに読みました。このレベルの本はリズム良く書かれていることが多く、それだけでも楽しいですし、やさしい言いまわしの英語が頭、心に満たされる感じになるのも快感です。

　100万語を読み終わって、多読を続けることは英語を「使う」経験を積み重ねていくことだ、と思うようになりました。問題に対する答を書くための英語の勉強では、英語を「使っている」感じには、まずなれないと思います。

●多読授業を始めた理由

　従来の学校英語教育は、中学、高校で6年もしくはそれ以上の年月をかけて、「よい成績がとれて得意感を持てる」人を選別していき、こぼれた人の苦手意識をずっとそのままにしておくようなシステムです。これは「日本人の英語力」という観点からいえば効率が悪すぎることは、誰の目にも明らかです。多くの人が英語の学習法として多読を取り入れたら、日本人全体の英語力の底上げになると思います。なにしろ「苦手意識」を植え付けられにくいので、英語に抵抗感のある人が激減するのではないでしょうか。

　私の教室はいわば補習教室でした。学校のテストにうまく対処

できるよう、学校の教科書や問題集を使い、問題の解き方を教えていました。それは「英語」を教えているのではありません。否定文、疑問文を作りなさい、同じ用法の文を選びなさい、正しい形に直しなさい。解答にいたるためにしなければならない分析、手順を追ううち、**ひとつひとつの問題が生徒をしばりあげていきます**。そんな理不尽な苦しみ方をする子どもたちを、もう見ていたくはありませんでした。

　当教室では、小学校4、5年生くらいからの英語学習をすすめていました。これは小さいうちのほうが、耳がよいからとかではなく、2年間くらいは**「評価」を受けない英語学習**をしていてほしかったのです。しかしそれでも学習の主な道筋は「文型・ルール」でした。1回の授業でひとつ程度の文型を順々にこなしていくだけでは、ごく一部の表現にしか出会えません。問題を解くうえでは高度とされる「仮定法」、「分詞」などの入る文は、読む、聞く上では、特にむずかしい文ではありません。特別扱いのしすぎで、誰もが「むずかしい」と思い込むようになります。また、例えば「仮定」の文は、理解するのに人間的な生活感覚が必要だと思いますが、問題を解くときにはそんな感覚はまったく関係ありません。

　このようなフラストレーションを抱えていたところで、私が100万語多読に出会いました。多量のインプットを、人間的な感覚を保って行なうことができ、出来不出来の評価がなく、「英語」を使える力そのものに、きっと直接つながっている方法だと思い、多読授業を始めました。

● **授業形態**

・小学4、5年生クラスの例──

　4人、読書を取り入れて3ヶ月、授業は週1回、60分です。始めの15〜20分程度は自由な読書の時間です。自分で本を選び、読んで（またはただ眺めて）、読書記録をつけます。それから生徒

それぞれに、読んだ本の中から一番のお薦めを選んでもらい、その中から１〜２冊、絵本の読み聞かせをします。その他にDr. Seussの絵本などフォニックスのルールを少し感じられる本を混ぜることがあります。ただし、生徒にそのルールを説明することはせず、ルールにそった単語しかないような本は使っていません。フォニックスのルールは「毎回少しずつ」教えていくものですが、例外も多く効率が悪すぎます。多読の中で、覚えることを強要されずに多回数出合う単語は、読みも自然に覚えられ、つづりとの関係も緩やかな規則として感じ取れます。

　本の内容または絵について、英問４択クイズをすることがあります。What〜？　Where〜？　How many〜？が中心ですが、その質問の意味を日本語で教えたことはありません。４つの答のうち１つが正解だということで、質問を推測することになります。数問クイズをしたあと、今度は選択肢なしで、もう一回質問をし、答えをいってもらうと、立派にQ&Aができます。これをすこし続けたら、英語での質問に英語で答えられるようなりました。

　私には、私の読み聞かせだけで子どもを引き付けていく自信がありませんでしたので、子どもたちに一緒に声を出させました。私が、なるべく自然なリズム、結構容赦のないスピードで読み、子どもたちは小さな声でついてきます。**子どもたちの発する音のチェックは一切しません**。ねらいとしては英語のリズムを子どもの口になじませることです。そうすると、家でテレビの子供向け英語番組などを見るときにも同じような練習ができます。今では読み聞かせのお話以外でも、生徒たちが私の教室英語について英語を話すことがあります。

・中学２年生クラス――

　３人、週１回70分、読書を取り入れて５ヶ月。このクラスは〈Oxford Reading Tree〉のほかに〈I Can Read Books〉の〈Frog and Toad〉の短いお話ひとつとか、〈Penguin Readers〉

Easystartsも読みます。講師とともに1話の3分の2程を音読して読んだところでストップ。再び最初からひとりで読み始め、そのまま最後まで読みきります。

　現在中3の個別指導をしている男の子のことです。学校と家庭教師ですでに2段階、英語を勉強して、さらにうちの教室にも来ているのです。以前は、依存心のかたまりになっていたのか、彼は問題を解いていて、自信をもって書けなくなるとそこで鉛筆がとまります。大問1問中の、他にわかる小問の解答欄をなるべく埋めてみて、といっても、いちいち助け舟を求め、自分でできるところを探す、なんていう発想はないようでした。そんな彼にすこしずつ〈Oxford Reading Tree〉を読ませました。毎回の授業のうち10分ほどですが、本に集中しています。2ヶ月ほど経過した現在、問題を解くのにも集中力ができ、自分で先へ進もうとする様子が見られるようになりました。本をどんどん先へ読み進めることは、「読む」こと以外でも、**自分で先に進んでみようという気持ち**を作るのに役立つのかもしれません。ただ、こうなると中学3年生の彼はテスト勉強への意欲が出てきてしまい、これ以上多読の割合を増やせないでいるのが残念です。

　進学校の高校3年生の例です。とてもまじめな性格で、予習の和訳も範囲が膨大な問題集も、きっちりやりたい子でした。模試や問題集の長文問題にあたるとき、「訳せない」と口癖のように言って、悩んでいました。彼女に〈Oxford Reading Tree〉をStage 1、Stage 1+ First Sentencesから読んでいってもらったら、「模試で、長文が読みやすかった。コレのおかげかもしれない」と言って、今も少しずつではありますが、やめてしまうことなく読んでいます。一般的には高校3年生の多読はすすめられていませんが、「長文はきっちり和訳して、解かなければ」という思い込みの修正に有効だと思います。

●評価

　当教室の多読授業に、○×や点数をつける評価はありません。今あるのは語数記録による自己実感評価です。

●感想

　当教室の多読授業はまだ始まったばかり、ならし運転の段階です。まだ図書の貸し出しが軌道にのっておらず、貸し出しの実績は小学生が中心、しかも週に1冊で、ちょっと「多読」とは言いがたいように思われます。でも、学校の教科書だけに比べれば、はるかに多くの英文に触れていると思います。この方法を知ってしまったら、もうもとのやり方にはもどれません。だから、子どもたちと私の、Happy Reading & Learningのために、今後も楽しく多読の教室をととのえていきたいと思います。

（英語教室 Where Is English?）

■ 児童英語教室での多読指導(1)──忠喜美江先生の場合

　忠先生は児童英語の経験がとても深い人です。それだけでなくたくさんの児童英語の先生方に慕われていて、したがって児童英語の指導者に関する知識や知恵も大変深く広いように思えます。その経験から100万語多読をどう生かしていらっしゃるのか、興味の尽きないところです。

　まず、忠先生の指導では幼稚園から小学生まで、「年齢を問わず読み聞かせ、教室内でのリーディング」が行われます。そして、その読み聞かせでは、「多くの子どもたちが、この年齢でしか感じることの出来ない強い共感」を見せるとのことです。第1章でお話しした「浸る力」を思い出します。

　さらに、「家でもお母さんたちと読んでいただけるよう」という配慮に注目しましょう。「教室は教え込む場所ではなく、子どもたちが自主的に学んでいくことを手助けする場所、意欲を搔き立てる場所」と考える忠先生は、家での読み聞かせと貸し出しを可能にするために相当な数の素材を備えています。「教室ライブラリーの様子」をくわしく書いてもらったのは、これから教室で本や朗読テープやCD-ROMを備えようという人に参考にしてほしいからです。

　最後に「多読授業の問題点」が上げられています。その最大のものは多読用素材を購入する費用ですが、忠先生は保護者のみなさんに「多読用図書充実費用」を出してもらうことで解決しようとしています。実はこれは学校でも実行可能な費用捻出法です。

〈実践報告⑪〉

子どもが自主的に学ぶ学習塾

忠　喜美江

　私の教室では、以前から Eric Carle やクラシック絵本の読み聞かせを行ってきました。初めて多読と言う言葉を知ったのは、2003年の初めでした。その後『快読100万語！』の存在を知りました。本を読んで目から鱗、これまで思っていた疑問に明快な答えを得た思いがしました。現在私の教室で行っている reading は多読というには、ほど遠い量であるとは思いますが、多読への第一歩となるプログラムではあると思います。

●**私の教室でのリーディング──教室の紹介**

　私が現在教えているのは幼稚園の正課で園児に月2回。幼稚園の課外クラス週4クラス、そして自宅で小学生8クラス、中学生高校生4クラスです。**年齢を問わず読み聞かせ、教室内でのリーディングに力を入れています。**現在教室にある本、ビデオ、DVD、CD-ROM の数は絵本を中心に2,500近くになりました。

●**幼稚園正課でのレッスン**

　正課でのレッスンは歌、特に遊び歌とお話しの読み聞かせを中心に行っています。私自身歌がとても好きなので、一緒に歌う時間をとても楽しんでいます。歌や Mother Goose の言葉遊びは、実際には言葉の深い意味は知らずとも繰り返し遊びながら歌う楽しみがあるという点で、日本のわらべ歌に通ずるものがあると思います。

　レッスンの最後の読み聞かせの時間には *Brown Bear, Brown Bear, What Do You See?*、*Where Are You Going? To See My Friend!*、『三匹の子豚』などを使って読み聞かせています。読みかせは子どもたちに大人気です。〈Oxford Reading Tree〉の Kipper の年齢4歳は年少から年中の子どもたちと同じ年齢です。

子どもたちの反応を見ていると、多くの子どもたちが、**この年齢でしか感じることの出来ない強い共感**を持ってお話しを聞いていることを感じます。

● **幼稚園課外でのレッスン**

課外クラスは幼稚園終了後に希望者対象に行っている英語のクラスです。やはり年齢にふさわしい歌、身体を使ったアクティビティ、ごっこ遊び、工作などを行っています。必ず毎レッスンの終わりにストーリータイムと言う読み聞かせの時間を持っています。

● **ストーリタイム**

Story Time! というと、子どもたちは本が見やすい様に絵本集合（扇型に座ること）をします。以前から是非やりたいと思っていた事が**親子で絵本を楽しむ時間を作る**ということでした。それが実現し、今年度からは保護者の方がたにも参加していただいています。こちらは Brian Wildsmith や Eric Carle など Scholastic Book Club で購入した絵本をお貸しし、**家でもお母さんたちと読んでいただけるようにしています。**

● **小学生クラス**

小学生クラスでは〈Oxford Reading Tree〉を中心に**読み聞かせと貸し出しプログラム**を行っています。高学年クラスはレッスンの後半に Reading Time をとっているため、既に Stage 5 までをレッスン内で読んでいます。小学生クラスでは　別に *Oxford Picture Dictionary for Kids* と BB カード（難波悦子先生が作られた64枚の絵カード。64枚のセンテンスカードから成り、センテンスはマザーグースや英語の早口言葉を元に作られています。）を 6 年通して使っています。以前フランチャイズのお教室で教えていたときは、明らかに文法のパターンに基づいて作られたテキストを使用していました。自分で教室を運営するようになった 4 年前、小学校 6 年間を通して使えるボリュームのある教材を探した結果

〈Oxford Picture Dictionary for Kids〉を使うことにしました。幸運にも同じ時期に〈Oxford Reading Tree〉と出会い、2つの**これまでとは比較にならない量を持つ教材**を使うことができるようになりました。

●教室での時間配分──小学生クラスの場合

教室での小学生のレッスンは1時間から1時間20分です。低学年の子どもたちは貸し出しに、約15分から20分の時間がかかります。その後、現在教室で使用している *Oxford Picture Dictionary for Kids* を題材にその日のトピックについて絵を見ながら説明し、その後トピックについて今日学んだことやこれまでに知った内容について子どもたちに TELL してもらいます。

高学年の場合は、トピックごとのストーリを皆で読みます。それから BB カードを使ってゲームを行い、レッスン終了10分前くらいから Big Book を使った読み聞かせをします。現在は〈Oxford Reading Tree〉を読むことが多いですが、クリスマス、イースター、ハロウィンと季節の行事に合わせた本を読むことも多くあります。

高学年の場合は、レッスンの開始から30分から40分の Reading Time をとって、それぞれのペースで興味のある本（主に〈Oxford Reading Tree〉）を読んでいきます。

小学生は各自テープレコーダーを持っていますので、教室から借りていった本も教室内での reading も自力で読む力がつくまでは、テープを聞きながら行っています。

●教室ライブラリーの様子

教室は狭い自宅の約9畳プラス5箇所の収納スペースからなっています。このような狭い空間に約2,500冊の本があります。内訳は〈Oxford Reading Tree〉 Stage 1から11（Stage 1から Stage 7までは2セットを用意 Stage 1から5までの Big Book、〈ORT Fireflies〉も含む）約500冊、Addison Wesley Longman

社の〈Shared Reading〉シリーズ（含 Big Book）、CD 付き絵本約30冊、CTP 絵本70冊、〈Scholastic 100English〉100冊、Ladybird 社の〈Read with Me〉、〈Read it Yourself〉、*Time for Kids*、Brian Wildsmith 作の絵本、〈Oxford Classic Tales〉、Eric Carle 作の絵本、〈Curious George〉、Disney CD 付き絵本、〈Yohan Kids Club CD 付き絵本〉、〈Dr. Seuss〉、〈Step into Reading〉、〈Clifford〉他 Scholastic Book Club から取り寄せたテープ付き絵本多数、その他の絵本、中学生以上向けには〈Oxford Bookworms〉Starter〜Stage 3、〈Penguin Readers〉Easystarts、〈Magic Tree House〉、〈Full House Michelle〉などです。ビデオ、DVD、CD-ROM も貸し出し対象としています。

●貸し出し状況

記録を見ても2003年度はあまり積極的に貸し出しをする子がいませんでした。2004年になって、こちらでも貸し出しの準備が整ったこともあり、貸し出しがブレイクした感じです。特に低学年が本当に積極的で、お家の方も巻き込んで大ブームになっています。やはり一番人気は〈Oxford Reading Tree〉ですが、〈Dr. Seuss〉、〈Corduroy〉、〈Curious George〉、〈David〉シリーズ、〈Spot〉なども人気があります。

●日々の読書記録

記録は〈Oxford Reading Tree〉教師用ガイドブックにある読書記録をコピーしたものを、各自100円ショップのバインダーに入れて持っていますので、読んでもらった本の個所を色塗りしていきます。これは　私にとっても、次に読む本を選ぶ目安となっています。

●CD-ROM を使った reading とゲーム

夏休みなどに行うコンピューターレッスンはとても人気があります。現在30数種類の教育ゲームを揃えています。とても人気の

あるプログラムで、子どもたちの集中力もすごく、非常に意欲的に参加しています。皆、コンピューターレッスンを通年のものにしてほしいと思っているようです。

● **多読授業の問題点**

〈図書の充実〉

本の購入には、相当の費用がかかります。私の教室の本は幼稚園でのレッスンを始めたころから、4、5年の間に徐々に購入して増やしてきました。保護者に多読プログラムを採用することを伝えた2003年の4月から**多読用図書充実費用**をいただくようになりました。2004年度は年間一人2,000円をいただいています。この費用で図書費は到底まかなえません。今は本の購入は自分自身の趣味と思ってやっています。

〈音声〉

子どもたちへの貸し出しや教室でのリーディングタイムにおいては、音声教材の存在が不可欠です。出版社の理解が深まって、多くの絵本やGRにCDがつくようになると良いと思います。

〈保護者の理解〉

幼稚園、低学年の子どもたちのリーディングには家庭からの協力と理解が必要です。家庭での毎日のreading/listeningは教室での1時間から生み出すものをはるかに上回るからです。**教室は教え込む場所ではなく、子どもたちが自主的に学んでいくことを手助けする場所、意欲を掻き立てる場所であるべきだと思います。**

● **多読クラスの成果**

何より大きな成果は**自ら選択して本を楽しむ習慣が出来ること**ではないかと思います。それぞれのペースで楽しむことができるのも良い点です。そしてこれまでとは比較にならない量の英語に触れることができることです。

● **多読クラスの今後の展開・見通し**

多読をレッスンに取り入れることにより、生徒たちが英語に触

れる量は格段に増えることになると思います。幼稚園から本に親しんだ場合、教室で読む本、貸し出して家で読む本を加えると小学6年生までに1,000冊以上の本を読む（聞く）ことになります。1,000冊のやさしい本は子どもたちの脳の中でどのような働きをしてくれるのでしょうか？　経験していない私にははかり知ることができませんが、素晴らしい力を持った子どもたちが育つことは簡単に想像できます。しかし、このように育った子どもたちが、現状の学校英語（日本語英語）の世界に入っていくと思うと、とても寂しい気持ちがします。是非中学校、高校でも多読を授業に取り入れ、多くの学習者が平易で楽しめる英語を身につけて、将来の専門分野での活躍に結び付けてほしいと思います。そして何より、多読を通してそれぞれの内面を培っていってほしいと願っています。

　多読は良いに違いないという確信はあります。教えるのではなく共に学ぶ姿勢を持ち続けたいと思います。多読のかなたには何があるのでしょうか？　それは百人百様なのでしょう。子どもたちの将来を見るのが楽しみです。私としては、後何年児童英語教師としての仕事を続けられるのかわかりませんが、行く行くは地域の子どもたちに英語 Library を開放して、老後の楽しみとしたいと思っています。

（英語教室 Joy English Club）

■ 児童英語教室での多読指導(2)——利岡悦子先生の場合

　利岡先生は通訳ガイド試験に合格して英語を職業としていたのに、英語に自信がなかったそうです。100万語多読で絵本とそのすぐ上のレベル1の本で100万語を通過することで、以前は避けていたペーパーバックも楽しめるようになり、もっと大事なことには、子どもたちが読んでいる様子を見て、どの本のどんなところを読んでいるのか、それを「楽しんでいるか、苦戦しているか、大まかに分かる」ようになったそうです。多読指導をする先生自身が多読をすることの大切さがわかります。子どもたちが「絵をじっくり見る期間をゆっくりと取った」ことがとてもよかったようですが、英語のクラスなのに絵をじっくり見せるなんて、利岡先生自身がたくさんの絵本を読んでその楽しさを実感していたからこそ踏み切れた指導でしょう。

　また、朗読テープを使って返り読みをふせぐ工夫や、絵本からGRへの橋渡しにmangaを使って成功したことなど、これから児童英語教室や学校に多読を導入する先生方にはおおいに参考になるはずです。

　一方で経営者としての冷静な判断も耳を傾ける価値があります。「中学生向けに多読だけの授業で塾を運営しようと思っても、なかなか厳しい」と率直に書いてくれました。さらに多読は静かに読む作業なので、ほかの方法にくらべて多人数でもクラスが成り立つけれども、図書を揃えるのが大変だとも書いています。

〈実践報告⑫〉

児童英語と100万語多読

利岡　悦子

●私の100万語多読体験

多読を始めたのは、ちょうど児童英語教室を始めて1年たった頃です。教室の生徒のためにやさしい英語の本をある程度そろえたい、更に自分自身の英語力も付けたいと希望していた時、『快読100万語！』と〈Oxford Reading Tree〉を勧められたのです。

子育てで忙しくなる前は、英語通訳案内業の仕事を10年ほど続けていました。しかし、今まで海外で生活をした経験はなく、英語を職としながら、英語に対して自信のなさがいつもついて回っていました。特に読み書きが苦手で、いつも避けて通っていました。

私自身の100万語達成は約10ヶ月かかりました。始めは英語教室の中学生のためにやさしいレベルの図書選びを、と思っていたのですが、結果的には私自身のために一番有益でした。英語圏で育ったわけではない私が、こどもに返って英語を学び直せる宝の山のようでした。100万語達成までに読んだ本は読みやすさレベル0、1、2が中心で、1000冊ほど読みました。今までやってきた数々の勉強の中でいちばん実力をつけることができたと思います。

更に、指導をしていく上でも、多読を生徒や保護者の方に自信をもって勧めることができるようになりました。また生徒が読んでいる本はちらりと見ると大体何を読んでいるかがわかり、ページに張り付いている時間をすこし気にすれば、**楽しんでいるか、苦戦しているか、**大まかに分かるようにもなりました。

●自宅教室での中学生と多読についての実践報告

さて、自宅教室で実際に多読授業を始めたのは2003年7月から

です。夏休みを利用して、2人の中学2年生に週2回程度、2時間ずつ8回の指導でした。2人は1学期に一応〈Oxford Reading Tree〉のStage 1から7まで目を通していました。後から聞くと、この時期は絵をよく見ていたけど、文章はあんまり……ということでした。しかしながら、**この絵をじっくり見る期間をゆっくりと取ったこと**が、その後この2人が多読をうまく進めることができた大きな要因のひとつだと、今では考えています。

講師側では本とテープを準備しました。2人はオーバーラッピングしながら、テープのスピードとほぼ同時に読み進めていました。**テープは止めないので、返り読みはありません。**時々、読書記録を読ませてもらったら、的外れなところはありませんでしたので、内容はほぼわかっているようでした。

彼女たちの多読についての感想は「役に立ってなさそうで、役に立っているみたい。いつのまにか英語がわかって気持ち悪い!!」と非常に楽しそうなものでした。語数で換算すると、集中講座の7月と8月に12,000語を読み、11月までに約6万語、その後順調に読み進み、2004年5月中旬で10ヶ月経ち、約20万語となっています。

多読前と後を比べると、その成長には本当に驚かされます。現在、**一番のお気に入りは** *Doraemon* です。日英併記ですが、英語を一通り読んで、日本語をまた最初から最後まで読むというような読み方をしているそうです。*Doraemon* は1冊約6,000語の長さがあります。その長さを読めたことが大きな自信につながり、その後〈Penguin Readers〉Easystartsを何冊か読み、〈Oxford Bookworms〉Starters も読むようになりました。なお、〈Oxford Reading Tree〉の再読は今でも人気があり、心のよりどころになっているようです。これを最初から読み直すと、調子を整え、自信をとりもどすという感じです。

驚いたことに一人は15万語くらいのところで〈ハリー・ポッ

ター〉を読み始めました。4分の1くらいのところで中断しましたが、どうしても、読みたかったらしく、チャレンジしました。私自身の中学時代を思い出すと、信じられない光景です。

● **英語教室における中学生と多読の難しい面**

このように良い面をいままで紹介してきましたが、実際には、中学生向けに多読だけの授業で塾を運営しようと思っても、なかなか厳しいというのがこの1年身にしみたことも事実です。生徒にとってはやはり学校の成績が一番で、学校の先生がおっしゃることには大きな重みがあります。多読の三原則が随分学校とかけ離れていると考えても、おかしくありません。さきほどの二人も中3になって20万語になり、生徒の希望もあって文法問題集をやってもらうことになりました。けれども多読のせいか、随分と理解が早くなったと感じました。

● **小学生と多読の実践報告**

小学生の主要教材は、ゲームをしながら自然に64の英文を覚える、BBカードというカードゲームです。2003年秋頃から、このBBカードに加えて、小学生に絵本の読み聞かせを始めました。更に小学生にも11月頃から、各自でテープを聴きながら読書をする時間をとることにしました。しかし、低学年の子どもたちは、まだまだ10分でもじっとしていられない子も多く、諭したり、叱る時間が多くなった結果、英語教室に来るのが嫌になってしまった子どもを2、3人作ってしまいました。年度代わりにこの子達は教室をやめてしまい、英語嫌いにさせてしまっただろうかと、今でも大変心が痛みます。また、小さな英語教室ですので、経済的にも苦しくなりました。

各自読書をさせるには、5年生くらいが目安で、4年生以下では、読み聞かせのみで進めていくのがまずはお勧めだと思います。逆に、5年生以上でも、**読み聞かせから一人一人の読書への移行は慎重に見極める必要がある**と思います。

●小学生への貸し出しスタート

　どの子にも、英語の本にもっとたくさん接して欲しいという希望を捨てきれず、思いきって小学生に貸し出しを始めることにしました。そこで、2004年4月より、教室用多読図書充実費という名目で、生徒一人年間5,000円の図書費をいただき、毎週一人2冊から4冊の貸し出しを始めました。そのときに子どもたちに本を大事に扱ってくださいというような注意はしましたが、特に保護者の方々へ次のようなお願いをしました。

　　「おうちの方へ〜わかっているかどうかではなく、おもしろかったかどうかきいてくださいね。わからないことはおこさんがきょうしつできいてもらうようにおねがいします。おうちではとにかくたのしんで!!」

　貸し出しをはじめたことによって、生徒の興味はぐっと増したように思います。今、約9ヶ月ですが、多いお子さんは1ヶ月間に〈Oxford Reading Tree〉のStage 2〜Stage 4あたりを20〜30冊かりるもしくは教室で読んでいます。年間100冊はどの子も達成し、200冊以上の生徒もでてきそうです。今はただ眺めている、テープを聴いているだけという感じですが、これを1年続ければ、力にならないはずはないと思います。

　小学生の一言感想を紹介します。

　　「母のくつがぼろ!」「いるかがかわいい!」「ネコつよい! フロッピーよわい!」（フロッピーは犬の名前です。）「はんにんつかまえていいな……」「パパもかぜだ〜」「キッパーさむそう」「ぶどうおいしそう」

　などで、絵本を楽しんで読んでいることが覗えます。

●英語教室で多読を導入する際の利点と経営上の問題点

　ほんの1年に満たない実践ではありますが、やはり、子どもが

20万語まで読み続けるためには、場が必要であり、励まし、時には読みやすい本を紹介し、生徒のリクエストにしたがって本を手に入れる必要があります。多読の楽しみを経験したアドバイザー（指導者）が傍にいると、100万語達成までの道のりが容易になるはずです。実際自宅教室での中学生2人はこの10ヶ月に200冊から400冊ほどの本を読んできていますが、一人で学習しても、なかなかこの冊数は読めないと思います。

　経営者としてみれば、本を揃えさえすれば、レベルの違う生徒を同じ時間帯に同じ場所で個人指導をしながら見てあげることができるというのは、非常に効率的だと思われます。また、英語が苦手な生徒も得意な生徒も、かなりの英語力の向上が高い確率で期待できます。さらに、自宅教室ではなかなか高校生までみることがむずかしいのですが、同じような理由で教室さえ開いていれば、高校生やさらに社会人までも、多読の楽しみを共有できることが可能になります。

　しかしながら、一番の難点は本をそろえる際の図書費の問題です。特に小学生から始めるとなると、語数換算での1冊あたりの本の単価はどうしても高くなるので、非常に苦しいです。まずは、少人数のクラスで始め、生徒の様子を見ながら買い集めていくというような方策をとれば、なんとか、乗り切れると思います。

(英語教室 English with Joy Club)

■ **社会人への多読指導(1)——高木徹さんの場合**

　社会人は英語で苦労しています。最近では入社、昇進、海外派遣の条件としてTOEICの高得点が必須という会社は少なくありません。英語をなんとかしなければという会社員の焦りは悲痛なものとさえ思われます。

　会社員以外にもほとんどの社会人が英会話の勉強を考えたことがあるのではないでしょうか？　それだけに100万語多読への取り組み方も真剣です。新宿にある社会人ブッククラブには多読用図書が約２万冊ほど備えられていて、毎日、会社帰りの会社員、新宿に来たついでの主婦などが本を借りに来ます。また本を借りるだけでなく、週１、２回開かれる読書相談会に出て、仲間と話したり、読書指導を受けたりします。

　高木さんは自分自身で300万語読んだころからその経験をもとに相談員をしています。真剣そのものの社会人を相手にしている高木さんの実践報告は１つ１つが知恵のかたまりですが、いちばん注目してほしいのは「英語の本が楽しく読めているかどうか」に最大の注意を払いながら、「無理なく読める本を一緒に探す」姿勢でしょうか。つまり一人一人の「相談者が自ら探していくのを手伝う」わけですが、そのためには「いろいろなジャンルにおいて本を紹介できること」が必要だと言っています。また、30万語をすぎた人については、「多読のペースを一緒に探すこと」が大事という点はとても深いものがあります。また自身のスランプ体験を生かした「スランプ対応のアドバイス例」は、先生ご自身の参考にも、生徒を指導する際の参考にもなるはずです。

〈実践報告⑬〉

多読の悩みを一緒に考えていく

　　　　　　　　　　　　　　　　高木　　徹

● はじめに

　私は新宿の社会人ブッククラブで読書相談会を担当しています。この稿では、読書相談会の相談員や、学校で多読指導をする先生がたに向けて、読書相談会の実際を報告します。まず読書相談会で行っていることを書き、実際に受けた相談を紹介します。次に多読を実践してきた経験を紹介します。

● 新宿ブッククラブの社会人読書相談会

(1)　多読の相談会は個別相談

　相談会には、幅広い年齢層の人が参加します。その人たちの英語に対する目標、姿勢、必要性、現状の英語力は多様なので、個別に相談を受けています。

(2)　相談者が楽しく読めているかどうかが最大の関心事

　相談内容は一人一人異なるのですが、相談者と会話をしながら、**英語の本が楽しく読めているかどうか**を一番気にしています。これは本の内容を正しく理解しているかとか、速くよめているかとか、文法がわかっているかとか、単語の意味がわかっているかなどよりも大切なことだからです。なぜなら、楽しく読めてない状態が長く続けば、多読から離れ、英語から離れることになって英語が嫌いになるかもしれません。逆にいうと、楽しく読めていれば、英語に継続して触れ続けることができます。つまり、「英語嫌い」が「英語好き」になるのです。

　英語が好きで継続していれば、英語を英語のまま受け入れられる英語脳にもなってきますし、苦手だったリスニングも字幕なしで映画が見られるようになってきます。スピーキングやライティングでもできるようになってくるのです。

(3) 相談者と同じ視線で話をすることと相談者を褒めること

アドバイスをしていて多読を「**教える**」ことはないといつも感じています。楽しかった本の話を聞いたり、多読が上手く進まないという悩みを聞いたりしながら一緒に次に読む本を決めていきますので、コーチングやカウンセリングというイメージに近いと思います。

気をつけているのは相談してくる人とできるだけ同じ目線で話をすることと褒めることです。私は褒められると嬉しくなるので「ハリー・ポッターが読めた」、「100万語通過した」など「できたよ！」という話はどんどん褒めます。悩みに関してはよく話を聞いて、**無理なく読める本を一緒に探す**ようにしています。悩みが深刻なときはどんな提案をしても苦痛になるので、話を聞くだけが多いかもしれません。

(4) **多読をこれから始める人へのアドバイス例**

多読をこれから始める人には、辞書は引かない、分からないところは飛ばす、つまらなければやめる、の多読三原則を説明します。さらに相談を進めて、日本語に訳そうとしないなどの話をよくします。

レベルを上げるタイミングについての質問も多いです。私が多読を始めて楽しいからどんどんレベルを上げようとしていたときにもらったアドバイスは「レベルを上げない」でした。多読をこれから始める人や始めてから少なくとも10万語を超えるぐらいまでは、できるだけレベルを上げないということを勧めてください。英語が苦手だと思っている人へは読みやすさレベル2で100万語、英語で得意だと思っている人へはレベル3で100万語を目指すようにアドバイスをしています。なぜならこれまでSSSサイト上の掲示板や読書相談会によると、読みやすさレベル3（主要語1,000語）でつまずく人が多いからです。

また、読書手帳をつけてもらうようにしています。面倒なよう

ですが、多読を始めて読むのが楽しくなった人の多くは読書手帳をつけるのも楽しくなるようです。読書手帳を見ながら相談を受けることで楽しく読めているかなどがわかります。

(5) 多読を始めてから30万語までの人へのアドバイス例

多読を始めて5万語、10万語と多読を進めていくと、多読が楽しいという人は少しくらい忙しくても100万語まで到達し、それ以降も多読を継続する可能性が高いようです。それに対して、途中でやめてしまう人には多読をして楽しいと思ったことがない人が多く、レベルの上げ方が早すぎることがよくあります。多読を始めてから30万語までの人は、レベルの上げ方以外にも多読をしながらもいろいろなことを悩んでいます。例えば、「簡単なものを読んでいて英語ができるようになるのか」、「わからない単語を飛ばして単語がわかるようになるのか」、「文法がわからないから本が読めないのではないか」、「速く読めないのはちゃんと多読の読み方ができていないからではないか」です。この中のいくつかは多読を始めて30万語までは私も気になっていました。アドバイスとして、自分も悩んだけれど、多読をしているうちに量を読むことで解決してしまったという経験を話します。もし読書相談会に100万語を通過している人が参加していれば、体験談を話してもらいます。人に聞いた話や本で読んだ話をしても相談会に参加している人は納得してくれませんので、実際の経験を話す必要があります。

(6) 30万語から100万語までの人へのアドバイス例

30万語を超えた人の場合は**多読のペースを一緒に探すことが読書相談のポイント**です。この段階の人たちは多読自体には疑問がなくなり、代わってどんな本を読んでいくかが一番の関心事で、楽しく読めていることを自覚している人が多くなります。しかし、本屋においてある本を手にとって楽しく読めるかどうかの判断は失敗することが多く、私の場合、この段階に本屋で買った本がた

くさんありますが、それらはほとんど読まれていなかったりします。そこで、相談員の出番になります。

多読をする人の好みはとても多様です。英語学習者向け graded readers が大好きな人、児童書が大好きな人、物語に興味が持てない人がいます。だからある本がとても面白いからといって全員に読ませるのではなく、選択肢を必ず設けることが必要です。GR は Penguin も Oxford も Cambridge も Macmillan もみんな同じではなく、それぞれ特色がありますし、同じシリーズでも読みやすい、読みにくいがあります。児童書でも男の子向け、女の子向け、ノンフィクションなど**いろいろなジャンルにおいて本を紹介できることが相談員の力量**になります。

相談員が上手く本を提案できれば、相談者はお気に入りの作家を見つけることができます。GR のレベルを上げるとき、ちゃんと読めるかな、読む速度が落ちるかと不安になりますが、お気に入りの作家の作品を読むことによって不安が少なくなります。私は「自分が読みやすいと感じた作家＝お気に入りの作家」としています。ちなみに、私のお気に入りは、Tim Vicary、John Grisham、E. Nesbit、Roald Dahl です。

また、参加者どうしで自分の好きな本の紹介や、読書時間の確保の方法などを話してもらうこともあります。このように自分流の Happy Reading を**相談者が自ら探していくのを手伝う**のが相談員だと思っています。相談員の楽しいことが相談者の楽しいこととは限らないので、「**押しつけない**」姿勢は大切にするべきだと思います。

⑺ **スランプ・停滞について**

100万語を過ぎて、多読が趣味になった人を SSS のウェブサイトでは「タドキスト」と呼んでいますが、タドキストになって恐れているのがスランプ・停滞です。英語だけでなく、仕事でもそうですが、スランプは自分でこうしたい、またはこうなるはずだ

という理想と実際にはできていない現実とのギャップにより起こるものです。したがって、自分でこうしたい、こうなるはずだという**思い込みを捨てて「楽しい」読書になるように本を選んでください**。そのためには、以下のようなアドバイスをします。

- 読みやすさレベルを2段階以上下げて読めば、実に快適に楽しく読めます。
- 読む本のジャンルを変えることで相性の良い本を探してください。
- 相性の悪い本を買ってしまった場合は、その本はすぐ読まず、本棚にしまって置いてください。いずれ読める時期がきます。
- 仕事で忙しくて中断した場合はレベルを2つ以上下げて再開。
- GRがつまらなくなったら、薄い児童書(〈Magic Tree House〉シリーズなどがオススメ)を読んでみてください。
- 多読よりTOEIC問題集や通信教育、英会話学校が楽しいなら楽しい方をすればいいのです。
- 英語ができなくてもいいやと開き直るのもひとつの方法です。

●**私の場合──継続して英語に触れることができるようになった**

「多読で何ができるようになるのですか?」と質問を受けるのですが、ひと言で言うと、「英語に継続して触れることができます」という答えになります。私の場合、読みやすさレベル0の本を一気に1冊読み終えた1日目から英語の本を一気に読むのが楽しくて10万語、20万語と読むことができました。そして、2ヶ月目あたりから、「**勉強**」だった英語が「**趣味**」に変わり、「**英語嫌い**」が「**英語好き**」になってきました。苦手だったリスニングも字幕なしで映画が見られるようになってきました。会話や文章を書くときにも、簡単な表現なら英語のまま頭に浮かぶようになってきました。英語検定試験対策だけしかしてなかったらここまで英語に継続して触れ続けることができなかったと思いますし、字幕なしで映画を楽しむこともなかったと思うと、多読をやってよ

かったと思います。

● まとめ

　読書相談会や多読授業を行うときに**一番大切なことは相談員や先生自身が多読をしているということ**です。生徒が困っている合図を見逃さなくなるし、生徒の悩みを解決するときに自分の経験が頼りになるからです。したがって**多読授業と先生の多読経験はセット**として考えるべきものだと思っています。**多読授業はスキルやノウハウだけではできませんし、本と場所を用意したから上手くいくものでもありません。**

● 最後に

　——**英語は教養ではなく、仕事に必要な時代になっている**

　私は外資企業で働いている技術者です。会社に入ったときは典型的な日本の会社でしたが、グローバル化の波に呑まれて外資企業になりました。私が学生の頃は、英語は受験科目だから勉強しなくてはいけないという程度の認識だったのですが、これからは英語が読み書きできるだけでなく、ディベート、契約書に基づく交渉、ロジカルシンキングなどグローバルな仕事のルール上で英語を使って仕事していくことが求められています。また、仕事で英語を使うとき、受験英語はほとんど通用しません。それどころか、インドなまりや中国なまりの発音に慣れることさえ必要です。先生方には「なんのために生徒は英語を勉強するのか？」をいつも考えていてほしいと思います。生徒は受験のために英語を勉強するのでしょうか？　直近の受験のためにはYesだと思いますが、そのために英語を勉強するのはつまりません。違う文化や歴史をもった人達と触れ合う素晴らしさだけでなく、将来、大人になったときにいろんな国の人達と一緒の職場で働かなくてはならなくなっている現状を先生たちに意識していただきたいと思います。

（SSS社会人ブッククラブ講師）

■ 社会人への多読指導(2)──浜館昌樹さんの場合

　浜館さんも社会人を相手に多読を広めてきました。もっとも高木さんの場合よりもさらに「水平的」な仲間です。というのはみなさんほとんど同時にはじめた人たちで、読んだ量の「上下関係」はなかったからです。

　また、浜館さんたちのサークルは「社員で構成され、ネットで結ばれた限りなくゆるい繋がり」が特徴です。顔を知らない仲間もいるほどですが、その即かず離れず（？）の関係が心地よいようです。こうした即かず離れずは先生と生徒の多読関係についても一つの理想ではないかと思います。「居心地の良さ」を教室で作るのはなかなか大変だと思います。そんな空間は簡単には手に入りませんが、浜館さんたちはネットワーク上に作ってしまったようです。学校でも、もしそうした空間が確保でき、敷居を低くすることができれば、生徒が多読を楽しみに集まってきて、毎時間、教師冥利に尽きる経験ができるはずです。

　浜館さん自身のほかの学習法との比較も参考になります。特にリスニングは理解の速度をコントロールできないのに対し、読む場合は意識しなくても「入力速度」がコントロールできることを指摘しているのは注目に値します。やはりリスニングの理解速度は読むときの理解速度を超えないのかもしれません。

　また、サークルのみなさんの声は報告のあとのコラムに収めました。100万語多読を実際に経験している人たちの生の声です。ぜひ読んでください。

〈実践報告⑭〉

NECソフトウェア北海道の多読サークル

浜館　昌樹

●はじめに

　ここでは、私が勤務する会社での有志による多読サークルを紹介します。『快読100万語！』をきっかけに、同じ部門の仲間と4人で多読を始めたのですが、参加者は徐々に増え、開始から1年半たったいま、20名以上の社員が多読を楽しんでいます。蔵書は400冊まで増え、100万語を超えた人も8名になりました。多読を始める前は、英語の勉強を継続できる社員がごく少数だったことを考えると、『快読100万語！』にならえば「いま私の会社で小さな奇跡が起きています。社員が次々と、英語のペーパーバックを読めるようになっているのです」といってよいのかもしれません。

　私が働いているNECソフトウェア北海道は、TOEICのIP受験、社費による英会話スクールへの通学など英語力の向上にも力を入れています。私は管理職であり、自分だけではなく、グループ員の英語力も向上できれば、という思いがありました。自分が効果を感じていたリスニング中心の勉強方法を皆に紹介したり、興味をもってくれた人には、自分が使っていたテープを貸したこともありますが、勉強を継続できたのは2人だけでした。

●多読と出会うまで

　私は現在45歳です。高校の頃はまったく勉強せず、社会人になっても中学で習った英語がすべてという状態でした。入社5年目に受けたTOEICは385点ですが自分としては上出来と思えるスコアでした。何か新しいことを始めようと思い、学生の頃、苦手だった英語の勉強を再開したのは37歳のときです。

　勉強方法はリスニングが中心です。通販で購入したテープや、NHKのラジオ語学講座を録音したテープを通勤中や昼休みに聞

いていました。また勉強を開始して数年後には英文法にも興味がわき、大学受験用の参考書などを読んだ時期もあります。継続していればきちんと成果がでるもので、4年後にはTOEICのスコアが倍以上になっていました。また、一時期、会社から通わせてもらった英会話スクールでも、初級クラスから上級クラスへ比較的順調に上がることができていました。

しかし上級クラスに入ったとたん壁にぶつかりました。他の生徒との大きな力の差を感じたのです。リスニング中心の勉強をそのまま続けて効果があるのか疑問を感じ、英会話スクールの先生に勉強方法を相談したことがあります。相談した全ての先生から「英語のできる生徒はたくさん洋書を読んでいる」という話を聞き、何度かペーパーバックに挑戦しましたが、どの本も2〜3ページで挫折。TOEICのスコアが800を超えても、ペーパーバックを満足に読みきれない実力に「何か別のことをしなければ」という漠然とした気持ちを持っていました。

そうした時期に偶然『快読100万語！』を読み、自分が洋書を読めなかった理由が分かりました。私の読み方は、学校英語の後遺症として紹介されていた「わからない語が気になる、わからない文は和訳してしまう、本に出てくる単語や表現などのお勉強をはじめてしまう」という症状そのものでした。

●多読サークルの誕生

この本をきっかけに多読と、私を含めた社員4人による洋書の貸し借りが始まりました。その頃は休憩中に「こんな本買ったよ」「これはお勧め」「この本はイマイチ」といったおしゃべりをする位だったと記憶しています。

多読を開始して1ヶ月後には、有志が休日や休み時間を利用して開発したWebベースの多読記録システムの初期バージョンが稼動していました。このシステムは、その後も利用者の声を採り入れながら機能強化を継続し、現在、「購入した書籍の登録機能」

「書評の登録機能」「多読している人の名前と既読語数の一覧表示機能」「検索機能」を持っています。ソフトウェア開発が本職ということもありシステムはとてもよい出来で、メンバーからの評判も上々、多読を進める上で必要不可欠なツールになっています。

その後、口コミや社内向けの紹介記事によって多読が徐々に広まり、気がつくと参加メンバーは20人を超えていました。私たちの多読サークルにルールはほとんどありません。興味を持った人は、メンバーにひとこと言って、好きな本を本棚から持っていくことができます。そういう敷居の低さが「ちょっと試してみよう」と思った人にとって都合がよいのかもしれません。

● **多読サークルのルール**

明文化されたルールはありません。誰が決めたというわけではなく、自然に定着した現在の様子は以下の通りです。

①サークルへの加入

初めての人は、何冊か借りて多読を続けられると思ったら、多読記録システムに登録してもらいます。

②書籍の新規購入

既に誰かが同じ本を購入していないか多読記録システムで確認してから、好きな洋書を各自が自費で購入します。Amazonで購入している人が多いようです。

③書籍の保管と貸し出し

読み終わった本は、多読記録システムに書評を登録した後、共用の本棚に置いておきます。本棚に置いてある本は誰が借りても構いません。

④多読におけるボランティア活動

このサークルは、メンバーの皆が貸し出してくれる洋書と多読記録システムの二つの基盤から成り立っています。開始して1年半で、430冊を超えるすべてのレベル、さまざまなジャンルの洋書が共用の本棚に整理されて置かれています。

●私たちのサークルが成功している理由

　当サークルが多読を始めた人の継続率が高く、成功している理由を私なりに考えてみました。

①サークルの規模の適正さ

　人数が少ないと金銭的な負担が大きくなります。特に多読を開始してすぐ必要になるレベルの低い本は、薄くすぐ読み終わるので、一人では金銭的につらいと思います。

　逆に、規模が大きすぎると、書籍の管理や保管などが大変になりますし、人気のある本に予約が集中し、なかなか借りられないことも出てくるでしょう。そういう点で現在の規模はちょうどよいのかもしれません。

②敷居の低さ

　当サークルはお互い顔を知らない人もいますが、社員から構成されていることもあり、気軽に書評を書き込むことができます。書評のお勧め度は、同じ本でも人によって異なりますし、感想も１行のフランクなものから、数行にわたる熱のこもったものまで千差万別です。

③身近な本棚

　書評を読んで興味をもった本がすぐに手の届く本棚に置いてあるという環境は、理想的だと思います。

④近くの仲間

　多読の仲間が側にいるメリットはたくさんあります。

- 仲間の進み具合が刺激になる
- 自分では買わないジャンルやレベルの本が揃っている
- 途中、停滞期間があっても再開しやすい

　　仕事の忙しさでほとんど本が読めなくなっても、本棚の前で洋書を選んでいる誰かの姿が目にとまると、多読の楽しさを思い出し、「時間を作って再開しよう」という気持ちになります。

- 他の人の書評が自分の理解の助けになる
- 仕事中の息抜きになる

　　休憩中、読んだ本が話題にのぼることがあります。話が盛り上がったときは楽しい瞬間です。

　当サークルの参加者が「社員で構成され、ネットで結ばれた限りなくゆるい繋がりが、多読のサークルに向いているのかもしれない」と以前、話していたことがありますが、なかなか鋭い分析です。

●多読とリスニング中心の学習方法との比較

　私は、英語（語学）はインプットを中心とした自分に合った勉強方法を継続することが大切であり、またその方法として多読が最適であると感じています。

① 継続性（続けられる楽しみがあるか）

　自分が効果を感じたリスニング中心の勉強方法を紹介してもイヤになってやめてしまう人が殆どでした。あまり楽しくなく、効果を感じられるようになるまで時間もかかるのですから仕方がないことです。私自身、「興味のあるものを」と思い、自分の好きな海外の番組を録画（録音）し、教材にしたこともありますが、結構面倒なもので長続きしませんでした。

　さて多読はどうでしょう。多読で用いる洋書は難易度が低くても楽しめるものが数多くあり、中には感動できる作品さえあります。また、面白い本があると続けて読みたくなるものです。それ自体が楽しく、続けるという苦労がほとんどない多読は、学習者、特に勉強を始めたばかりの人でも続けやすいという特長があると思います。

② 自分に合ったペースと速さ

　ラジオなどの語学講座は、自分のペースで進めることができません。また、リスニング教材では文ごとに自分に適した速さに自由自在にコントロールすることがむずかしいため、早すぎると頭

の中で処理や理解ができません。集中力が途切れた瞬間にもどんどん前に進んでしまうので、内容が分からなくなってしまうこともあります。逆に、スピードを上げ、やさしい教材を聞くことも簡単にはできません。

多読にそういう心配はありません。自分に適したペース、かつ自分が処理できる速さで読みすすめることができます。また多読を継続していると、自分が気付かない間に読むスピードも速くなります。

● **おわりに**

会社の仲間とはじめた多読は、いつの間にか私の趣味のひとつになり、生活を少し豊かなものに変えてくれていました。最近は子ども向けの洋書に感動し、二人の娘に日本語に翻訳されたものを読ませることもあります。ゆくゆくは家族で英語のペーパーバックを読み、その話題をネタにビールでも楽しめるようになればと思っています。

(NECソフトウェア北海道)

多読サークルのアンケート結果――NEC ソフトウェア北海道

多読を継続している人は、皆がそれまでの勉強方法と質の差を感じています。以下は代表的な回答です。

・英語については、いろいろな学習法に手を出して挫折していましたが、これはもしかすると継続できるかも知れないという手ごたえがあります。10万語を超えるあたりから、宝の山のような大量の未読の洋書にわくわくし、日本語の本を読むのと変わらない面白さに浸っています。勉強という意識はまったくなく、面白いから読む、という感じです。実際に TOEIC もあがりました。

次は多読を知る前からペーパーバックを読んでいたメンバーからです。

・以前は、リトールド版のように薄い本を知らず、読む速度も非常に遅かったので、1冊を読むのにかなり気合が必要でした。多読でリトールド版を知り、洋書を気軽に読めるようになりました。300万語を超えたので、リスニングを始めようと思っています。

皆、自分が英語で書かれた本を最後まで読みきれたこと、そして書かれている内容を楽しめたことに驚きと満足を感じています。この最初の小さな満足感が多読を継続する原動力になっています。楽しいから継続できる、継続できるから力が伸びるというよい循環です。本当はこの部分が多読で一番大切なところだと思います。

・英語の本を読みきったことに正直感動しました。
・母国語以外で書かれた本に初めて感動しました。
・「読みたい」洋書を気軽に買えるようになりました。

回答を見ると100万語は、ひとつの大きな目標になっているようです。しかし、そこで止めてしまう人は今のところいません。多読の通過点としてちょうどよい目標になっているようです。

・何らかの区切りは、多読を続ける張り合いとしても、あって良かったです。100万語を超えた頃には、語数を稼ぐというよりは、すっかり読むことが楽しくなっていて、あまり数値目標の必要性は感じなくなっていました。そういうことから100万語という目標は、ちょうどよい値なのではないでしょうか。

悩んでいることは？
・上のレベルの本を読みはじめるタイミングがむずかしい。
・なかなか、レベル4以上に進めません。逆にいえば、もっとレベル3以下で語彙の幅を広げてからチャレンジすべきだと思っています。今は読みたい本より、読める本を選ぶべきですよね。

その他（自由感想）
・この多読という方法の面白いところは、みんな自分の物差しで自分の進歩を感じているということですね。大概の英語学習はTOEICのような外側の物差しで自分の力を見ています。そして、「まだ○○だ」「××ができない」なーんてことになる。ところが多読だとまず、自分で自分の読めるスピードの変化を感じ取る。読めなかった本がなぜか読めるようになる。最初は心の中で翻訳していたのに、いつの間にか英語がそのままダイレクトに入ってくる。リスニングも頭から読み下すように聴こえてくる……。などなど、「自分で自分の内部の変化をとらえられる」こと。それに誰もダメ出ししないし、挫折もない（停滞＝マイペース）。
・停滞する時期はあるかも知れませんが、多読は新たな趣味のひとつといえるようになってきました。英語に興味はあっても、改まって勉強の時間を取るのが苦手な、怠け者の私にぴったりな学習法なのかも知れません。なぜなら、勉強している気にならないからです（問題発言？）。　下手の横好きです（好きこそ物の上手なれといきたいですが）。

（まとめ　浜館昌樹さん／編集　酒井）

■ 家庭での多読指導(1)──吹譯典子さんの場合

多読指導はいろいろな場で行うことができます。学校の教室でも、課外活動としても、また極端なところではインターネット上の掲示板を使って助言することも可能です。そしてもちろん家庭でも多読指導はできます。

ここまでの多読指導の実例はすべて複数の生徒を相手にしたものでしたが、吹譯さんの場合は毎晩娘さんに読み聞かせをした記録です。娘さんが〈Oxford Reading Tree〉のいちばんやさしいレベルから読み聞かせをしてもらって6ヶ月後（当時小学3年生）に〈Oxford Reading Tree〉の文字なし絵本（*The Lost Teddy*）につけたお話をそのまま載せます。娘さんが口頭でつけたお話を吹譯さんが書き留めたものです。

> They went down the train.
> But, Kipper couldn't see Teddy.
> They walked. Kipper saw don't Teddy.
> Oh, No. said Kipper.
> Teddy is gone! shouted Kipper.
> Kipper went home. Kipper is sad. Kipper is crying.
> Biff and Chip gave some dolls.
> But, Kipper cried and cried.
> They went shopping. Kipper is sad.
> Mum found the Bear's box.
> Oh, this is my teddy! said Kipper.
> Thank you, said Kipper. Thank you, said Mum too.

上のお話から1年2ヶ月後、英語国では小学校中学年の子どもが読む総語数33,000語のペーパーバックを読んでいるそうです。寝る前におかあさんに読み聞かせてもらうという Affective Filter のもっとも低い状況はこれほどの成果をもたらすのです。

〈実践報告⑮〉

親子で多読──小学2年生から……

吹譯　典子

●不安からの出発

我が家では現在小4の子どもといっしょに多読をするようになって2年がたちました。自分が受けた英語教育とは全く違った、前例も少ない多読という方法をすることには多少の不安を感じながらのスタートでした。それが今では子ども自らやさしい英語の本を選んで楽しむようになり、英語が大好きになった姿を見ていると、やさしい本からはじめる多読はまちがいなく効果的であると実感しています。

最初に親子で英語に取り組んでみようと思ったのは小2の頃で、それまでは全く英語の環境がありませんでしたから、児童英語関連の本や雑誌、テキストなどを参考に徐々に取り組んでいきました。しかしバイリンガルをめざすわけでも、学校英語の先取りがしたいわけでもなく、方向が定まらず行き詰まっていた時に、偶然SSSのサイトを見つけ、まず私自身が試してみました。

●まず自分から

昔学生だった頃読まされた英語の読み物といえば、古典文学や時事英語などで、今度こそ読むぞと意気込んではじめても続かず、そのうち英語熱もさめてしまうのが常でした。ところがSSSのサイトの掲示板や書評の情報を頼りに児童書、絵本などを読んでいくと、次々読みたい本が見つかり、遠い目標だと感じられた100万語も通過しました。さらに読み進めるにつれ、読むこと以外でもインターネットで聞く英語放送の理解度が上がったり、普段まったく英会話の機会がない割に、娘の学校へ来られるALTとのおしゃべりが楽だと感じました。このように自分で多読をしていることでその効果が実感でき、親子多読も迷うことなくやっ

ています。**自分で多読していなかったら、従来の英語学習方法から抜け出せず、子どもにも同様のやり方をすすめていたかもしれません。**これから親子多読をされる方には、ぜひ子どもの前にご自身が多読してみることをおすすめします。たくさん氾濫している勉強方法などに惑わされることがなくなり、親子多読もあせらずにできると思います。

● **一緒に楽しむ**

　親子多読は小2の終わり頃から始めました。平日になるべく毎日30分程度時間をとっていっしょに本を読むことにしています。子どもが疲れている日は短めに、気に入ったお話では、ストーリーからわき道にそれておしゃべりしたり、絵本の真似をしたりして楽しみました。新しい本に入る際には、CDを聞いたり読み聞かせをしてからいっしょに読んで、慣れたら子どもだけで読み、8割ぐらい読めるようになるまで何日か同じ本を読みました。ただしどの本も同じくらい読めるまで続けようとすると、子どもが興味を持たない本では勉強っぽくなってしまうので、そんな時は何度も読んでほしい気持ちをぐっとおさえて次の本へすすみました。何冊か読めるようになってからは、一人で読める本をカゴに10冊ぐらい入れておき、まだ覚えていない本だけを読むのではなく、子ども自身がそのカゴから選んだ本もあわせて読むようにしました。他にご褒美作戦も使って、1冊読めたらシール1枚、シールがたまればお菓子を買ってあげたりもしました。

　英語学習の体験談などを読んでは、多読以外に英会話もしたほうがいいのかと悩むこともありましたが、英会話の練習をしていなくても、かたことの英語ながら楽しくコミュニケーションできるようにもなりました。**我が家のペースができあがって英語の勉強という意識が薄れた今は、**子どもといっしょに英語の本を読むこと自体が楽しく、さらに大人の多読仲間との交流もワクワクしながら楽しんでいます。

● **お話の力**

　主に読んだものは〈Oxford Reading Tree〉で、1年半ほどかけて Stage 9 まで読み終えました。小学生の子どもにとっては、日々経験する出来事、歯が抜けたり、お母さんに怒られたりすることがストーリーになっているので、**登場人物になりきって読ん**でいきました。〈Oxford Reading Tree〉をはじめて読むときには、英語に焦点をあてるのではなく、登場人物と仲良くなることだけを考えていればいいようです。文章にそって詳しい絵がついていますから、日本語での説明はくどくどせずに、だいたいわかっているぐらいで大丈夫です。また Stage が上がるにしたがって、ストーリーは長くなりますが、急にむずかしい文体がでてくるわけではありませんから、Stage 2〜Stage 4 などの低いレベルで十分に英語の語順がしみ込んで、頻繁にでてくる単語がスムーズに読めるようになっていれば、あとは**特に工夫しなくてもお話しの力が最後までひっぱってくれる**と思います。

　その他、絵本なども同時に読みました。〈Oxford Reading Tree〉では同じ単語が何度も違った場面やストーリーで使われるので、新しいお話を読んでも見たことのある単語が多くて読みやすいですが、他のリーダーでは、〈Oxford Reading Tree〉と同じレベルのやさしい本でも、お話ごとに知らない単語がでてくるので、1冊1冊がけっこうむずかしく感じられました。そこで〈Oxford Reading Tree〉は子どもが一人で音読するようにして、他のリーダーは私が読み聞かせをしたり、いっしょに音読するというふうに使い分けました。

● **リスニングを楽しむ**

　〈Oxford Reading Tree〉をひと通り読み終えた今は、リーダーや絵本、やさしい児童書を読んでいます。もっと読み聞かせがしたいのですが、自分で読むほうがいいというのであまりしていません。他に〈Magic Tree House〉などの少しスピードが

ゆっくりのCDも聞いています。お菓子を食べている間に1章だけ聞くので時間はちょっとで済みます。聞いた後で内容を理解しているのか確かめたりはしませんが、全く理解できていなかったら毎日聞くことをいやがると思うので、楽しめる程度には聞き取れているんだと思います。全28巻聞き終わったら今度はいっしょにシャドーイングをしてみたいです。他には就寝前読書用に、とてもやさしい英語の本ばかりですが、自分で選んで持って上がるようになりました。もともと本は好きで毎日読んでいましたが、英語の本を読み始めた時期と、小2、3年生になって読書量が増える時期とが、ちょうど重なったことがよかったのかもしれません。

　読書記録は最初めんどうでつけていませんでしたが、〈Oxford Reading Tree〉のStage 7を読んでいる頃につけ始めて、約60万語になりました。いまは1日だいたい1,000語黙読しています。大人の多読では語数記録をつけて100万語をめざすことが大きな励みになりますが、子どもの記録つけでは、大人と同じことをしているということや、母によく読んだねえと誉めてもらえること、多読仲間の集まりで子ども向けの本を借していただいたり、ウェブサイトの掲示板上で語数報告できることがとてもうれしいようです。

　いいことずくめの多読なのですが、本選びにはいつも頭を悩ませています。日本の図書館には残念なことに英語の絵本は多少あっても、英語のリーダーをおいているところはないと思います。そのため語数の少ない本をたくさん読む親子多読では、大人の多読以上に費用がかかります。SSS多読掲示板でも、子どもたちの多読情報はまだ少ないので、親子多読する人がもっともっと増えて、活発に情報交換できる日が待ち遠しいです。

●プリント学習

　多読の他には、〈Oxford Reading Tree〉Stage 7あたりを読

んでいた時から公文のプリント学習もしています。仲のよいお友達がやっているのを見て行きたいと言い出したことで、大量のプリントをこなしていくことなど、到底続くはずがないと踏んでいました。ところが日本語の文法説明はわからないと言いますが、英語についてはそれほど難しいとは感じていないようです。有名な童話を短くした200語程度のストーリなどはさらっと読んでしまいます。中学準備段階からスタートして、1年後のいまは中3の内容を学習中で、ためしに受けた英語検定4級も楽に合格しました。

　こんなところが我が家での取り組みで、やさしい本からはじめる多読は絶対必要だという思いを日々強くしています。多読では読んでみたい本があって、それを読むために英語を勉強するという、動機付けがはっきりしています。親子で読めば本の話題を通してコミュニケーションもはかれます。**テストを受けなくても以前読んだ本を読み返せば、子ども自身いっぱい読めるようになったことがわかる**ので、もっと読もうという意欲もわいてきます。リスニングには多読といっしょにお話しのテープなどを聞いておくと、中学の教科書付属CDぐらいなら速いと感じることなく聞き取ることができます。そしてなにより毎日続けるのが楽しいのです。これが多読以外の方法だったらどうでしょう。小さいうちからテキストを使ったり、フォニックスなどの勉強をしたり、無理やり状況を作ってアウトプットの練習をして早く成果が出たとしても、**英語は難しいものだというメッセージを送りつづけることにならないでしょうか**。多読は詰め込みで勉強する方法のように速効性は期待できないかもしれませんが、英語での読書が日本語と同じ感覚でできるようになっていれば、苦労しなくても英語を体の中に貯め込んでいくことができるのです。子どもから、お母さんこれ読んでみたらと教えてもらえる日がくるのも、そう遠くはないのかなと思いながら今日も親子で多読です。

■ 家庭での多読指導(2)——川路純代さんの場合

　川路さんのお宅では娘さん二人に読み聞かせをしています。前項の吹譯さんの解説でも書きましたが、子どもがゆったりと心を開いている状況で読み聞かせることは言葉の吸収にはもっともよいと思われます。Affective Filter が邪魔をしない状況では、子どもたちは登場人物になりきってしまうようです。「これ、私と同じだ！」叫んだ小２の娘さんはおとうさん、おかあさんやおねえさんに邪険にされた自分と Floppy という犬を完全に重ね合わせています。吹譯さんの娘さんが英語で自分の作ったお話を語れるようになったのも、川路さんの言葉では「全然知らなかった言葉に繰り返し触れることでその言葉の感情が深く刻まれていき、逆に自分自身がその感情を抱いたときにその言葉が自然と浮かんでくる」からでしょう。そうした「本の世界を生きる」ような体験をどれだけ英語で味わってもらうか、それが英語の先生の大きな仕事ではないかと思います。

　音声教材のようにきれいな発音ではないかもしれませんが、「顔色を見ながら読み方を変えられる」点は肉声による読み聞かせの利点です。そうやって、たくさんのお話を体の中にためていれば、中学生の娘さんの場合には、「読書でなじみの事柄をあとから学校で教えてもらえるので、よく理解できて自信がついてきた」ということになります。これはおそらく日本で行える理想の文法指導ではないかと思います。つまり、小学校卒業までにまたは中学１年の間に体に大量の英語を染みこませ、そのあと、中学高学年で文章の約束事（いわゆる文法）を解説するのです。

　川路さんのおだやかな文章から、子どもたちが Affective Filter の低い状況でたくさんの英語を吸収する様子を汲み取ってください。

〈実践報告⑯〉

親子で「本の世界」を生きる

川路　純代

　親子で英語の絵本の読書をするようになって1年と少したちました。まず、2年前に母である私が多読をはじめ、300万語ほど読んだ後、子どもへの読み聞かせをすこしずつはじめました。私自身が多読をとおして実感したのは、1つの言葉を理解するには単語で覚えたり、辞書をひくだけでは無力だということです。特に、基本語と呼ばれる一番良く使われ、また、一番学習するのがむずかしい語は、繰り返し、様々な文脈の中で体験していくことしかないと感じました。体験、という点が大切で、**全然知らなかった言葉に繰り返し触れることでその言葉の感情が深く刻まれていき、逆に自分自身がその感情を抱いたときにその言葉が自然と浮かんでくる**、これによって映画や文学、歌詞などに命が吹き込まれ、身につくということです。多読は自分自身が持つ学習能力をのびのびと生かしてくれる方法だと感じ、自分が子どもに身につけてもらいたい学習姿勢とも通じると感じていました。

●導入

　さて、長女が中学校に入学する少し前から、意識的にたびたび英語の絵本を読み聞かせるようになりました。長女はもうすぐ学校で英語を習うとわかっているので、ちょっと緊張していましたが、「大体お話がわかればいいからね」というとすぐに納得して聞いていました。あまりに幼児向けのものはかえってむずかしく、〈Little Bear〉シリーズや、〈Oxford Classic Tales〉くらいのほどほどの長さとストーリー性のあるものがわかりやすいようでした。音遊びが楽しいものや昔話のパロディーなどは、英語はわかりそうもないむずかしいものでも喜んで聞いていました。

　小2の次女が英語での読書に積極的になったのは、〈Oxford

Reading Tree〉を読み始めてからでした。このなかの、*Go Away, Floppy* というお話では、家族はそれぞれなにかに夢中で、犬の Floppy が近づくと、"Go away!" と言います。「これ、私と同じだ！」と言い出し、急に親しみを持ったようで、その日は同じシリーズの6冊パックが届いたのでしたが、3回も繰り返して読まされ、しまいには自分でも一緒に繰り返して読んで、すっかりこのシリーズのとりこになってしまったのでした。

　カセットつきの絵本で一緒に読むことも考えたのですが、どうもそのときの気分に合わせたペースで出来なかったり、なによりもすべての本をカセットつきで揃えるのは大変です。また、**顔を見ながら読み方を変えられる読み聞かせ**と比べると聞き手にはより高い能力が必要な気がします。

● **どんな風に読んできたのか**

　我が家の場合は少し前まで寝る前のお楽しみだった「絵本タイム」をそのまま英語にしました。中1の長女も、小3の次女も一緒に同じ本を読んでやります。で、子どもが自分で読める、読みたい本があれば子どもが読み手になることもあります。

　その年の夏休みには、**行き詰まるまではとにかく読みたい気持ちに任せて楽しんでしまう**ことにしました。毎日30分から1時間位かけて次々と先へ進んで読んでいきました。私が読んだ後、長女や次女も自分が読める本は自分で読んで聞かせたがるので全員やっていると1時間以上読んでいることもありました。平均すると、月に6〜10時間くらいだと思います。

　途中、Stage 4 と Stage 6 で難しく感じたらしかったのでずっとやさしい絵本を見せると、わかるのが嬉しいらしく、そちらのシリーズをしばらく読んでいたりしました。しばらくして〈Oxford Reading Tree〉の続きが気になり始めたらしく、読んでみると、Stage 4 や Stage 6 も楽しめるようになっていました。

●現在のこどもたちの様子

＊次女（現在小4）…次女にはアルファベットの読み方は教えていないので、新しい語は読めないことがくやしかったようです。だんだん絵本タイムに積極的でなくなってきたので、ある日、「読めるようになるように練習してみる？」と持ちかけると喜んで練習をはじめました。〈Oxford Reading Tree〉Stage 1＋の自分が読みたい本を持ってきて練習します。覚えると得意になって読んでくれます。彼女が好きなのはユーモアのある本、音遊びの本、繰り返しが多く、部分的に読むのに参加できる本です。

＊長女（現在中2）…部屋になるべくやさしそうな本、もうすこししたら読めそうな本を並べてあります。いつの間にか一人で読んでいるので、どんなときに読んでいるか聞いてみました。すると、1）宿題が多いときの休憩用、2）家で一人きりで退屈なとき、3）学校の朝の読書の時間に読みたい本が無いときに読んでいるそうです。「じゃあ、漫画を読むような感覚？」とたずねると、「むしろ、絵を描いているときに近いかなあ。（彼女は絵が大好きです）でも、絵を描くときよりも無心。」彼女にとっては英語の本はちょっとしたくつろぎの時間のようです。

　大抵は「もうちょっと難しいのも読めるのでは？」と思うくらいやさしいものばかり選んで読んでいるのですが、2度ほど普段のレベルよりも難しいものを読んでいたのは、私が読むつもりで借りてきた『あさきゆめみしバイリンガル版』（源氏物語の漫画）と、『竹取物語』でした。関心が高いものなら臆せずとりあえず手にとって読めるところは読むようです。

　また、自由学習と称して、英語で日記などもときどきつけているようです。「はじめは間違いだらけでも当然。後で上達してから読み返すと恥ずかしいけれど上達がわかって嬉しいらしいよ。」と話したら、気が向くと書いているようです。そして、学校で新しく習う英単語を覚えることが楽になってきたと言っています。

学校のテストでははじめは点数は良くなかったのですが、教科書からそのまま出るテストだと順位は低いのに、実力テストになると急に順位が上がります。細かいミスが目立ちます。

　読書でなじみの事柄をあとから学校で教えてもらえるので、よく理解できて自信がついてきたようです。ALTの先生の話もよく理解できるので楽しいそうです。他の教科に比べると英語の得点は低いのですが、いまはまだ、細かいところにこだわるのは早い、とにかくどんどん触れていって欲しいな、と思うので、英語の点数にだけはつい、甘くなってしまいます。

　普段自分で読んでいる本は、〈Oxford Reading Tree〉、〈I Can Read Books〉を中心に今まで読み聞かせで読んできた絵本などです。〈Penguin Readers〉Easystartsや〈Oxford Bookworms〉Startersも読んでいるようです。最近は読んでやる前にその辺に置いてあるものを先に読んでしまうことも多くなりました。絵が可愛らしい、ほのぼのしたお話が好み。〈Dr. Seuss〉もお気に入りです。

●気をつけたこと

- TVを必要以上に見ないこと。見たいものだけ見て後は消す習慣を持つ。読書に限らず静かに集中して自分の好きなことやしなければならないことをする時間をとることができます。
- 「お楽しみの時間」として位置付けること。「英語」を一切教えず、ただただ本を楽しみます。
- その日読みたい本を子どもに選ばせること。私も参加者なので私の選んだ本も読みます。
- 読みたいときに何気なく読めるように手にとりやすい場所に本の置き場を作ること。
- 常に新しい本が少しずつでも届くようにすること。目新しい本はやはり読んでみたくなります。慣れてくると図書館の本も利用できるようになってきます。

● **これから**

次女と長女の読める本や時間がばらばらになってきたので、長女は自分で読むことを中心に、次女は〈Oxford Reading Tree〉を自分で読むことを徐々に進めながら、これまでどおり、時間が取れるときには読み聞かせを続けていこうと思っています。最近気づきましたが、自分で絵本を音読するのも楽しいのですが、読んでもらうと絵の細かいところまでよく観察できるので何倍も面白いのです。

読み聞かせはいいものだ！

この本はたくさん「読むこと」をテーマにしていますが、それは学校の英語教育に多読を取り入れることを念頭に置いているためです。家庭や児童英語教室で多読を取り入れるには「読み聞かせ」からはじめることをすすめます。子どもを英語に親しませる方法はいくらでもあるでしょうが、柱はやはり子どもの気持ちの奥まで言葉がしみこむ読み聞かせではないでしょうか。理由はいくつもあります。

まず、家庭では寝る直前の読み聞かせは特によいものです。親も子も一日が終わってゆったりしたところで、体を寄せ合って絵本を開きます。親子そろって物語の世界に浸る時間は英語獲得などはるかに越えた喜びがあります。

また、絵本の読み聞かせはどんなに幼い子どもでも楽しめます。絵も声の調子も理解の助けになるので、子どもは文字を解読したり状況を推測したりする負担が軽くなり、その分「語りの力」に引き込まれて、本の世界を堪能するはずです。（なお、自分の発音が気になる人もとにかく読み聞かせをはじめて、並行して自分の発音を朗読CDなどで修正していきましょう。）

■ インターネット上での多読指導(1)——川路純代さんの場合

　浜館さんたちは社員同士のネットワークを通じた励まし合い（？）でしたが、まったく見も知らない人たち同士が支え合い、励ましながら100万語多読を続けている場があります。124ページのコラムで紹介したSSSの掲示板は、同じように多読を続ける人たちがお互いに自分の体験を語り、他の人の悩みを聞いてやり、先へ進む頼りにしているという、きわめてめずらしい集まりです。（第3章の吉岡先生はSSSの掲示板を「e-learningの理想の形」と評しています。）すべての助言や情報提供はボランティアで行われていて、この掲示板の上にだけ金や権力などとはまるで無縁の別世界が広がっているかのようです。

　川路さんはSSSの掲示板でも比較的早くからほかの人たちに助言をしてきました。その語り口、心遣いは掲示板仲間の支え合いをとてもよく代表していると思います。先生方には、ぜひ川路さんや、このあとの繁村さんの助言の仕方をよく読んで、生徒と同じ目の高さで助言する、また逆に生徒に助言される——そういう教室を作っていただきたいと思います。

　なお、仲間同士の助言にも危険はあります。生徒同士の助言、たとえば「この本おもしろいぞ」といった助言は横で聞いている先生にはとてもうれしいものですが、推薦された側の生徒には読めないこともあり、その場合は自尊心が傷つき、本を読み続ける気を削ぐこともあるからです。これは先生と一人一人の会話についても言えることで、教室の中は掲示板と同じように「ある人を力づけようと思った言葉が、ほかの人を結果的に否定するような言い方になってしまわないように」細心の注意を払う必要があります。

〈実践報告⑰〉

私が受けたアドバイスから

川路　純代

●私自身の入門期

　私は多読をはじめようと決心したときに掲示板に初投稿し、ほぼ10万語ごとに経過報告をして100万語を通過しました。そのうち1回は不安があって「アドバイスお願いします！」と泣きつきました。20万語ほど読んだころです。

　まだまだはじめたばかりでしたが、時間だけはあったので、薄い本はすぐに読み終わってしまい、次がどんどん読みたくなります。はじめの1ヶ月は随分薄い本を一時に買い込み、経済的に苦しいと感じていたため、読めるものならばなるべく語数単価の安い、字の多い本を読みたい気持ちがありました。英文をタイプする仕事をしていたことがあるため、英語の字をたくさん目にすること自体には慣れていたため、字がぎっしりあることはあまり苦になりませんでした。

　次を買うまで読まずにいるというのは苦痛でしたから、図書館で飛ばし読みしながらどんどん読めそうだと思った本はなんでも借りてきて読んでいました。

　しかし、掲示板を読んでいるとあきらかに自分よりも英語力もあるとみられる先輩方が、読みやすさレベル1までの本の値打ちについて真剣に語っていらっしゃったので、読めるから面白いからと言ってどんどんレベルを上げるのは不遜な態度なのでは？そんなことしていたら基礎力がつかないのかも？と不安でした。で、大騒ぎしてみなさんからアドバイスをいただきました。

　「ちゃんともっとやさしいものをたくさん読んで積み重ねないとダメ」とお叱りを受け、止められるかも、とも思っていましたし、止められたらそうしてみようとも思っていました。

ところが、ここがSSSの掲示板のよいところなのですが、今そのひとが**自分なりの流れで伸びようとしている**部分は**どんどんやるようにはげましてくださる**んですね。このときに教わったことは、自分の感覚を信じること（快適に読めていればそれでよい）、同じレベルばかり読むよりもいろいろと混ぜて読むとよいこと、がんばりすぎると気が抜けてしまって読みたくなくなってしまうことがあること、くれぐれも無理してハイペースを維持したりしないことでした。思えば、このときいただいたアドバイスにこの後の読書の進め方のすべてが語られていました。

● 背中を押してあげること

もうひとつ、自分にとって転機になったアドバイスは読みやすさレベル4のGRを何冊か読んだころいただいたものです。

多読をはじめる前に、未訳だった *Harry Potter and the Chamber of Secret* を図書館から借りて読み始めたものの、わからないところが多すぎて投げ出したことがありました。〈Harry Potter〉シリーズが読めるようになることはひとつの目標でしたので、多読をはじめたあと、シリーズ中一番薄い第1巻を買って本棚に飾っていました。そしてときどきのぞいて「いつ読めるかな」と楽しみにしていたのですが、あるときのぞいてみて、「あれ？案外読めそう」と思ったのです。けれど、当時読んでいたのはレベル4、〈Harry Potter〉は当時レベル9になっていました。「いくらなんでも、背伸びしすぎだよね、読みたいなあ、でも、今読んでしまったらまずいかなあ」と思い、語数報告のときに、「読めそうな気がしたんです」と投稿したところ、なんと「**読めそうだったら読んでみて。だめだと思ったらすぐにやめればいいんだから**」という内容のアドバイスをいただきました。

100万語多読には「つまらなくなったらやめる」という原則があるので、途中でやめるとほめられます。SSSの掲示板では「やっぱりダメでした。」と言うとお祝いの言葉をもらえます。

「面白くなければ後回しにすればいい」これが身につくと怖いものがありません。結局とても楽しく読み終えることが出来、大きく自信もつきました。**そのときの育ちたい衝動を上手に生かして、でも、肩肘張らず悠々と読む、そんな姿勢を体験させてもらいました。この、実感するということが何よりも大切だと思うのです。**実際、この100万語多読の理論を読んだときには「私のためにあるようだ」と感じ、必ずこれで読めるようになると確信したものでしたが、これは理論に過ぎず、まだ実感ではなかった。で、ときどき、目標がとても遠く感じ、「これで本当にいいんだろうか？」なんて思います。ですから、アドバイスの時にはなるべく、**読む楽しさ、自ら成長する力を信じること、そのためにはリラックスできること、今まで読めなかったものが読めるようになる喜び、そんなことを、本人が実感できるように**と思っています。

● **仲間の存在**

　大きな力となって助けてもらったのは同じころに読んでいた、**ちょっと先を行く先輩や、一緒に進む仲間の存在**でした。お互いに本を薦めあう好みの合う人が「面白かった」と言えば安心して読めました。全然違う意見の人の発言で新鮮に感じて、敬遠していたものを見直したりしました。一歩先行く人を見て「誤差はあっても近い将来、あんな風に楽しめるかも！」という、身近な目標をもてたりしました。

　いただいたアドバイスで「これには困った」ということは無かったのですが、自分がしたアドバイスで「しまった」と思ったことはあります。例えば、早飲み込みをして「それは完璧にわかろうとしているな」などと決め付けに基づいたアドバイスをしてしまったり、わかりやすくかみくだいて話をしようとして、逆に自尊心を傷つけてしまったような場合です。

　また、掲示板では一対一で顔をあわせての話とは違い、他の誰でも読むことが出来るので、**ある人を力づけようと思った言葉が、**

ほかの人を結果的に否定するような言い方になってしまわないように心がけています。

　むしろ、自分ではアドバイスなどしたつもりもなく、一緒に「それが嬉しいんですよね！」とか、「あの本は面白かったですね、それが好きならば、こんな本もいいですよ」といった、共感ができたときには、**お互いに喜びを分ち合える**のでとても励みになり、これは言ってもらったときにも、こちらが言ったときにも、多読を進める上での大きな推進力になりました。

　自分の悩み事だと、ついつい、近視眼的になってしまうものですが、日頃人の不安や悩みについて懸命に考えていると、自分が悩む暇がない。小さな悩みの芽が生えてきても、一緒に解消してしまうということがあり、**人に声をかけることがそのまま自分への肩の力を抜くいいチャンス**になっていたようです。

■ インターネット上での多読指導(2)──繁村一義さんの場合

　繁村さんはSSSの掲示板にはじめて投稿する人にいつも丁寧に返信を書いています。仲間同士が声をかけあうことをとても大切にしているのです。それは繁村さん自身が掲示板で背中を押してもらった経験から出ている気持ちに違いありません。掲示板を通した100万語多読の成功を支えているのは、自分が楽しいと思ったことを他の人にも味わってほしいというボランティア精神のように思われます。

〈実践報告⑱〉

まだ見ぬ方への応援

繁村　一義

　ミュージカルを原語で楽しみたいことと、仕事としているコンピュータ技術者としても英語はある程度必要なことから、英語の勉強をしなきゃと思っている時に、幸運にも多読を知りました。主にインターネットの掲示板を通じて、アドバイスを貰ったり差し上げたりしながら、多読を楽しんでいます。まぁ独学なのかもしれませんが、孤独感はまったくありません。

　どうしてでしょうか？　これは、多くの先輩がいて、いろいろと方法論やいい本を教えてくれることもあるでしょう。でも、私が助けられたことで、自分がアドバイスを差し上げる時に気をつけていることが、他にあります。

　本当は褒めて欲しい、認めてほしいと思っているところを見つけて、ちゃんと「いいね」ということです。

　特に掲示板への投稿し始めの頃に、よく謙遜したり卑下したりする方がいます、半ば無意識に。私もそうでした。特に英語には自信がまったくなかったのでこんなレベルの者が書き込んでもい

いのだろうか、そもそも多読をやる資格があるのだろうか、などという思いがあったのですね。

　でも大抵はその裏に、「それでいいんだよ」とか「それで充分できていますよ」と言って欲しいという期待があることが多い。自分では気が付いていませんでしたが、私も「受験勉強の時さえ辞書を引かないようないい加減な自分ですが、多読を始めています」というような投稿に対しての返事に「そのいい加減さこそが素晴らしい」といったことを書かれて、気が付きました。そう言って欲しかったのだと。

　多読を続けて行くにあたって、もともと多読三原則はあるものの、一人一人にあった方法があるはずです。そしてその方法はその方の特長、つまり褒めてあげられるところを活かす方法のはず。

　例えば「なかなかレベルを上げられなくて、人の倍以上の語数を読まないとダメみたい」というような方には、「レベルを上げられた時には、あなたに溜まっている語数は人の倍以上なんだから、素晴らしいですよね。」と言うような返答をしてみました。本当にそう思っているので、無理なく言えるし、相手の方も「レベルは上げるんじゃなくって、上がっていくんですね」と、肩の力の抜けた感じの返事をしてくれ、また実践して下さっているようです。

　その方の投稿をよく読んで、どこの部分がその方の特長で、それを活かした多読を続けるには、どこをどの方向に褒めるかということ。これが、私がアドバイスをする場合の気をつけていることです。

　まだ見ぬ方を想像しながら、あなたのこの部分はこんなに素晴らしいから、大丈夫、多読を楽しめますよと、応援したり応援されたり、「がんばれ！」の代わりに「楽しみましょう」という応援合戦です。

（SSS社会人ブッククラブ講師）

■ オフラインでの多読指導――藤吉妙子さんの場合

　藤吉さんの場合も高木さんや繁村さんと似ていて、仲間同士による「助言」です。藤吉さんの場合も、この章に登場するほとんどの人同様、多読をはじめる前はペーパーバックを読むことなど叶わぬ夢と思っていました。中学までは英語が好きだった、けれども高校に入って急にむずかしく感じてだんだん英語から離れていく……たくさんの人から聞く経験です。社会人の場合、英語学習法を求める人は多かれ少なかれ似たような経験を持っているのではないかと思います。

　藤吉さんは苦手意識から抜け出してペーパーバックを読めるようになった体験を、オフ会（インターネット上で交流する人たちが実際に対面する集まり）での助言に生かしています。

　藤吉さんの場合にはまず同じ多読を楽しむものとして、相談者の「話を聴くこと」を大事にしています。「苦手意識のある英語のことを先生と話すのは気が重いけれど、友人となら話ができる」という自分自身の気持ちを、助言する側になっても持ち続けているのです。

　またオフ会は自主的な集まりなので、強制力はなにもありません。それだけにオフ会の運営にはさまざまな気遣いが必要なようです。藤吉さんの気遣いは今後こうした集まりを持とうとする人だけでなく、学校で授業外に多読サークルを作る場合の参考にもなると思います。「いやになったらやめればいいさ」と気楽に構えて、校内で多読サークルをはじめてみてはどうでしょう？

〈実践報告⑲〉

学習者同士の交流

藤吉　妙子

　英語を、日本語を介して理解するのではなく、英語のまま理解できるようになりたい——100万語多読はその希望を夢に終わらせず、確実に現実にしてくれています。

●100万語多読以前

　100万語多読に出会うまでのわたしの英語歴は、中学から大学までの学校での授業がほとんどすべてです。中学の間は特に苦手意識はありませんでしたが、高校の教科書が急に難しく感じられて以来、英語に対して苦手意識を持つようになりました。単語を辞書で調べて作る逐語訳はできた日本語が不自然で好きになれない。ことばの実感がないまま単語をつないで作る英作文。スペルを覚えるためにローマ字読みの英単語……。大学受験が終わる頃には嫌気がさしてしまい、もう2度と英語の勉強はしたくないと思いました。以来、英語ができたらいいなと心の中で思いつつ、英語を避け続けていました。一方、数年前から勤務先に外資が入るようになり、英語が全くできない自分に次第に危機意識が強くなりました。

●100万語多読との出会い

　1年半ほど前、Diana Wynne Jonesにハマり、原書を入手。読んでみるものの、さっぱりわからない。このまま自分は一生英語がわからないままなのかと重い気持ちを抱えて行った書店で、偶然目にとびこんできたのが『快読100万語！』でした。半信半疑で〈Penguin Readers〉Easystartsを数冊読んでみたところ、読める！　とりあえずわかる！　1,000語の物語ですら読み終えるにはひと苦労。それでも、内容がわかる、最後まで読める、そんな英語の本がある。それがとにかくうれしかったのをよく憶え

ています。

　その勢いで多読を開始。読みやすさレベル0から3のGRを中心に30万語、その後、児童書を混ぜ、4ヶ月で100万語を通過しました。続かないのではないかとずっと不安があったので、通過できたときにはほっとしました。

　200万語の手前で *Harry Potter and the Order of the Phoenix* をレベルを上げて読み、250万語を過ぎてから〈Oxford Reading Tree〉を読み始めました。現在約320万語。読みやすさレベル0の絵本から8のペーパーバックまで気の向くままに読んでいます。

● **多読をする人たちとの出会い**

　20万語を過ぎた頃から、どう読んでいけば多読をスムーズに続けられるか、より多くの実践例が知りたくなり、SSSの掲示板を読むようになりました。自分ひとりじゃない、今この瞬間もたくさんの人が100万語を目指している。それがダイレクトに伝わり、励みになりました。当時すでに50例以上あった100万語通過報告も何度も読みました。どんなレベルの本をどんなふうに読んで100万語に到達したのか、様々な事例がわかり、自分はどうしたらそこへ到達できるかいろいろ想像してみるのが楽しかったし、多読をすすめる上で参考になりました。また、100万語を超えてさらに読み続けている人たちの様子がわかり、100万語は到達点ではなくひとつの通過点だと認識できたことで、100万語到達時にはレベルはこれくらい、読む速さはこれくらいできなければいけないという自分の勝手な思い込みから開放され、気楽になることができました。

　100万語通過報告を初めて掲示板に投稿した頃、オフ会をしましょうという話が掲示板にあがりました。見た瞬間に参加を決めました。掲示板で発言している人たちの生の話を聞きたかったからです。**苦手意識のある英語のことを先生と話すのは気が重いけれど、友人となら話ができる**、という心理に近い気持ちでした。

オフ会は、和やかなおしゃべり会になりました。

● 1回だけのイベントから継続的な交流会へ

1回目のオフ会以来、地元で学習者同士の交流会を続けています。ペースはひと月に1度程度、参加人数は10〜20名、約1年になりました。参加者は、自分で本を用意し多読をしている独学の社会人です。交流会は会員制ではなく自由参加で、1度きりの参加も可能ですが、実際には出席者の多くはリピーターです。

多読は数ヶ月、数年続きます。交流会は、多読をサポートする場なので、多読と同様、長く継続したいと考えています。一方、運営はボランティアで活動・運営に注げる時間が限られるので、交流会の運営は手間のかかることを極力省き、**シンプルに徹する**ことにしています。一例として多読用図書の貸出はありません。

交流会には特定の指導者はいません。語数や多読年数は読書の好みや得意分野などと同様、個性の一部ととらえています。多読はインプットする作業なので、続けるうちに英語のほかにもいろいろなものが心の中に溜まってきます。そういった多読の経験や心の中に溜まった思いを対話によって整理・再構築し、新たな気付きを得ることで、多読の推進力に昇華させる。交流会はそういうことが実現できる場でありたいと考えています。ですから、話題は多岐にわたります。よく出る話題の例をあげます。

- 自己紹介、多読との出会いや英語学習の話
- 読んだ本の感想や、最近読んで面白かった本の話
- 多読の成果や疑問。悩み相談になることもある
- 地元の図書館や書店、英会話教室などの情報
- 本の入手方法
- 本やリスニング素材を持ち寄り、閲覧しながら雑談

一対一で個人的な話をする場合もあれば、グループで話をすることもありますが、最終的に自ら多読へ向かうことが目的なので、交流会の対話では、下記のことが実現できるよう心がけています。

(1)話し手が自分の話を否定されずに聴いてもらえる（積極的傾聴）ことで安心できる。(2)話すことで自己の問題点を認識できる。(3)解決に必要な情報を集め、選択肢を検討できる。(4)自分に合った目標や方針を自分で決断できる。(5)決断したことを他者に認めてもらうことで自分自身への自信がもてる。

　聞き手がきちんと話を聴くことで話し手は安心します。話し手が安心して話ができるために、聞き手はありのままの相手を受けとめる気持ちと、相手の可能性を信じる気持ちを常に持っています。大丈夫だよという安心感と、やり遂げる力はすでに持っているから自信をもってと勇気づける気持ちを常に持ち、一方でそれが相手にプレッシャーにならないよう気をつけています。

　また、離れている間も、いつでも連絡ができるという安心感がもてるよう、掲示板やメーリングリスト、個人メールなど常にコミュニケーション可能なツールを利用しています。こういう環境を共有することで独学であっても孤独感を軽減できます。

　交流会はひと月に一度ですが自由参加なので、次に会うのは数ヶ月後になる場合もあります。指導者がいるわけでも本の貸し出しをするわけでもありませんが、交流会には、仲間の楽しい話と暖かな励まし、そしてお互いを認め見守る気持ちがあります。もともと多読を続ける欲求が強く精神的に自立した社会人の集まりですから、このくらいゆるやかな仲間意識と連帯感でも、多読推進効果は充分あります。和気あいあいとした仲間との交流を細く長く続けることは、自分のペースで多読を継続する推進力のひとつになる、と考えています。

シャドーイングについて

100万語多読は読むことが主体ですが、聞く、話す、書くことにもつながっていきます。本章でご紹介したように、初めて英語に触れる子どもたちには読み聞かせからはじめます。そうすると音と文字が不即不離の関係から入れるので、「読む」と「聞く、話す」の間に区別はなくなり、受信型、発信型といった意味のない区別はしなくてよいことになります。

けれども中学1年生の1学期を過ぎると、たいていの場合日本語式の発音が身についてしまい、どんな簡単な文でも、文字では理解できても聞いてはわからないというちぐはぐなことが起こります。そのボタンの掛け違いを解消するいちばんの近道はシャドーイングではないかと思われます。

シャドーイングは文字通り「影の形に添う如く」、聞こえてきた英文を間髪をおかずに繰り返していく練習です。英文が聞こえてきたら文の終わりを待たずに、すぐに聞こえてきた音を繰り返しはじめ、文が終わるとほとんど同時にこちらも言い終わります。

頭を真っ白にして赤ん坊のように繰り返すことができれば、数十時間で日本語式発音が洗い流され、英語独特の音とそのつながり方やリズムが身についてきます。

問題はどこまで赤ん坊になれるかということですが、これがなかなかむずかしいのです。その上シャドーイングは楽しめないという人も多いので、最初は本を見ながら聞くだけでもよいと思います。そうやっていくつも「聞き読み」をしていくうちに、何度でも聞きたい、できればCDと同じように朗読できるようになりたいという素材にめぐりあったら、シャドーイングをはじめてみましょう。できるだけ朗読の調子をそのまま、語り手になりきって繰り返すと効果が高くなります。

赤ん坊になれきれない人は日本語と英語の音の成り立ちや仕組みを頭で納得する必要がありますが、それはまた別の本で。

第5章

多読クラスの四季
――多読用図書案内

〈Macmillan (Guided) Readers〉[奥]
〈Cambridge English Readers〉[手前]

〈Cambridge English Readers〉

　タイトル数はまだそれほど多くありませんが、どの本も話が面白いと評価が高いシリーズです。全て大人向けに書き下ろしたオリジナルストーリーで、読書好きの中学生、高校生にも読み応えのある内容です。使用語彙250語レベルの Starter と使用語彙400語レベルの Level 1 は読みやすさレベル 1 で、さらに読みやすさレベル 6 の Level 6 まであります。

〈Macmillan (Guided) Readers〉

　使用語彙のレベルに関わらず、読みやすいと定評のある英語学習者向けの GR です。使用語彙300語で総語数500語程度の Starter から始まり、使用語彙2,200語で総語数15,000～25,000語程度の Upper-intermediate までの 6 段階のレベル分けになっています。なお、Macmillan Guided Readers は、以前は Heinemann Guided Readers として出版されていました。また、2005年に Macmillan Readers と名称が変わり、多くのタイトルが CD 付きになりました。

第 5 章

多読クラスの四季──多読用図書案内

　100万語へ到達する道は生徒の数だけあります。100万語達成までの期間を見ても、一方には多読三原則を一度説明しただけでその日から大人向けのペーパーバックを読みはじめた中学3年生がいるかと思えば、絵本ばかり読んでいて年間10万語も行かなかった大学生が、その後半年たったところで急にペーパーバックを読みはじめたという例もあります。またSSSの掲示板では2年2ヶ月で100万語通過という報告があります。

　期間だけではありません。読む本の種類もさまざまです。絵本だけで100万語をめざす人、読みやすさレベル2までのやさしい本だけを読んで100万語を通過する人、10万語で〈Harry Potter〉を読みはじめた高校生……読み聞かせから1年8ヶ月でジュニア向けのペーパーバックを読みはじめた小学4年生、多読開始から8ヶ月たっても manga だけを読んでいる大学生……要するに100万語多読にはこれと決まったルートはないのです。

とはいうものの、100万語を登山にたとえると、頂上に至る代表的なルートはある程度決まっていて、見通しもよく、標識も完備して、歩きやすくなっています。この章ではそうした典型的なルートに沿って、麓から頂上までに読む本を紹介します。日本で手に入れやすい本の中から、電気通信大学の学生たちに好評を得ているものを中心に選びました。

紹介する本は、シリーズもので、どういう時期にどう使うかを含めて紹介しています。実際には何倍もの種類の本が利用できますが、それはSSSのウェブサイト、『今日から読みます英語100万語』、『親子で始める英語100万語』（どちらも日本実業出版社刊）『めざせ1000万語！ 英語多読完全ブックガイド』（コスモピア刊）などを参考にしてください。なお、さまざまな出版社のGRシリーズと、一般書のシリーズを対照できる表が後ろ見返しについています。参考にしてください。（なお、電気通信大学の多読クラスを見学希望の場合はinfo@tadoku.orgにメールをしてください）

■ 春──歓声から惰性へ、惰性から再生へ

100万語多読では、すでにお話ししたようにどんなに英語の経験のある人でも今現在ペーパーバックを読んでいない人にはゼロからの出発を勧めます。英検1級を持ち、TOEICの点数は900点を超えていた人が、読みやすさレベル0から再出発して、あこがれのStephen King作品を楽しむようになった例があります。そういう人はほかにも何人もいます。

そこで、100万語多読では、幼児も、小学生も、大学生も、社会人も、絵本からはじめます。（もちろん幼児、小中学生などは読み聞かせからはじめます。）ぼくの最初の授業ではまず100万語多読の話、とくに多読三原則を説明します。話は30分くらいで切り上げて、読みはじめますが、学生たちは目の前に山と積まれた

本を席に持ち帰ると、どれも絵ばかりで字がほとんどないので、それぞれに歓声を上げます。「なんだ、こんな本なら平気だ」という安堵の歓声です。

その最初の授業で使うシリーズはいまのところ、

＊〈Oxford Reading Tree〉(O.U.P.) Stage 1〜Stage 4
＊〈Longman Literacy Land〉(Longman) Step 1〜Step 4

のどちらかです。〈Oxford Reading Tree〉も〈Longman Literacy Land〉も、もともと英語を母語とする子どもたちが読書を好きになるように出版されたもので、細やかな心遣いが見られます。(それぞれのシリーズの違いは『英語多読完全ブックガイド』を参考にしてください。)その特徴は次のようなものです。

- 絵が親しみやすい。
- はじめは文字がなく、話の展開を想像力で読みとる練習になっている。
- 文字が大きく、文字数も行数もレベルとともに増えていく。
- １冊の長さも少しずつ増えていく。１冊のページ数では数ページから数十ページまで。総語数では０語から数千語。
- 絵にいろいろな仕掛けがあり、大人も飽きない。
- ほとんどの本になんらかのオチがある。
- その本で導入された語や言い回しがたくみに繰り返されている。

また、まだ実際には使っていませんが、似たようなシリーズには〈Chatterbox〉(Longman)、〈Cambridge Storybooks〉(Cambridge University Press)、〈Springboard〉(Macmillan)など、同様な英語母語話者の子ども向けシリーズがあります。

どのシリーズも大人が読んでも楽しめるところがすばらしいと

思います。子どもの気持ちを当て込むのではなく、作っている人たち自身が納得できるものを目指していることが伝わってきます。こうしたことから、100万語多読の導入には上のシリーズは幼児から大学生、社会人まで、どんな年齢のグループにも欠かせないものになっています。電気通信大学の場合、90分授業の最初の2回くらいは上に書いたレベルの本だけを読んでもらいます。〈Oxford Reading Tree〉または〈Longman Literacy Land〉を20人に1セットの割合で持っていれば、十分でしょう。

〈Oxford Reading Tree〉も〈Longman Literacy Land〉も150冊を超える巻数がありますが、それぞれ登場人物は一貫しています。そして登場する町も学校も共通なので、どの巻も入りこみやすく、学生は次第に登場人物たちに親しみを感じはじめます。3回目の授業からは〈Oxford Reading Tree〉Stage 5〜Stage 6、または〈Longman Literacy Land〉Step 5〜Step 6を加えます。なお、このあたりまでは〈Oxford Reading Tree〉と〈Longman Literacy Land〉のどちらか一方だけを読んでもらいます。2つのシリーズは装丁も内容も似ているので、両方一緒に読むと混乱するおそれがあります。また、あとでお話しするように夏休み後の最初のクラス用に「取っておく」必要もあります。そこで、両シリーズは別々に導入します。

■ 足慣らしは続く

〈Oxford Reading Tree〉Stage 5〜Stage 6や〈Longman Literacy Land〉Step 5〜Step 6をある程度日本語に訳さずに読めるようになった人には、並行して、1冊、1冊違った内容の絵本シリーズを読んでもらいます。次のようなシリーズが代表的です。

* ⟨Step into Reading⟩ Step 1
* My First ⟨I Can Read Books⟩
* ⟨Scholastic Reader⟩ Level 1（旧⟨Hello Reader!⟩）
* ⟨Rookie Read-About Science⟩（Science だけでなく、Holidays, Geography, Health など様々なテーマのシリーズがある）

⟨Oxford Reading Tree⟩ または ⟨Longman Literacy Land⟩ でアルファベットに慣れると、このようなシリーズは比較的楽に入れます。ただ、気をつけることは、なんといっても英語を母語とする子ども向けですから、waggy といった英語の先生でも初めて見る語が頻出します。学生には多読三原則の1と2を思い出してもらい、うまく飛ばすように言います。また、上のような絵本シリーズには言葉遊びが多用されているので、ときには読み聞かせをして、リズムや音のおもしろさを実演します。

最後に挙げた ⟨Rookie Read-About...⟩ はいわば子ども向け百科事典の小冊子版です。動物、植物、気象、地理、伝記といった理科や社会の内容をきれいな写真とともにごく簡単に説明しています。導入期ですでにノンフィクションを楽しめるので、大学

▲ 電気通信大学酒井多読クラスの授業風景

生にも好評ですが、もともと小学生低学年向けに出版されたシリーズです。

　ノンフィクションを紹介したついでに、

＊〈Oxford Bookworms Factfiles〉Stage 1〜Stage 4

を紹介しておきましょう。外国語として英語を学ぶ青少年向けのGraded Readersにはノンフィクションが少ないので、このシリーズは貴重です。絵や写真が豊富で、電気通信大学の学生には好評です。ほかにもあとで出てくる〈Macmillan (Guided) Readers〉BeginnerとElementaryに一部ノンフィクションがあります。

■ 惰性から再生へ……

　4月頃はあまりに変わった「授業」なので、新鮮に思った学生も、5月半ばくらいになると、もう惰性になりかけます。そこでぼくのクラスでは、manga（日本の漫画の英語版。日本語を併記した本もある）を教室に持ち込みます。その効果たるや絶大なものがあります。たとえば、ぼくの多読クラスでは眠ければ寝ていいことになっていますから、5月、6月の暑い日には3分の1の学生が眠り込んでいることさえあります。（ただし放っておくとそのうち目を覚ましてまた読みはじめます。）けれどもmangaを教室に持ち込むと、寝る人はまずいません。

　2004年8月の日本多読学会でも、mangaの魅力はたくさんの先生が語っていましたが、実はまだmangaの効果、そしてどう使うかははっきりわかっていません。たとえば、mangaを「読む」ときに、絵だけを見ていると思われる学生がいます。それでも、数ヶ月後には〈Oxford Bookworms〉Stage 1（400語レベル）を読みはじめた学生がいますから、絵だけ見ていても、いつ

か英語の読書につながる可能性はあります。

　さいわい電気通信大学ではmanga以外の本を毎週2冊借りることができるので、教室ではmangaを読んで、家ではGRや絵本や子ども向けペーパーバックを読んできます。この組み合わせはいまのところとてもうまく行っているようですが、成果のほどはもう少し経たないとあきらかになりません。(mangaについてはSSSのサイトで検索してください。)

　なお、アメリカで出版されたmangaは吹き出しの台詞がすべて大文字で書かれています。そのため最初は読みにくく感じる人もいるようですが、すぐに慣れます。それに「英語国では標識や看板はみな大文字ばかりです。大文字表記に慣れておこう」と説明すると、安心して読み始めるはずです。

■ 絵本から挿絵入りへ

　6月から7月にかけて中心になるのは読みやすさレベル1の本です。つまり基本500語までを駆使して書かれたGR、それに英語国の子ども向けGRです。順に紹介しましょう。

　〈Oxford Reading Tree〉や〈Longman Literacy Land〉はStage 6、Step 6以上でも大きな絵が入っていて「絵本」と呼べますが、GRの入門レベルは絵本というよりは「挿絵入り」というべきです。

*〈Penguin Readers〉Easystarts　　　　　　200語レベル
*〈Oxford Bookworms〉Starters　　　　　　250語レベル
*〈Macmillan (Guided) Readers〉Starter　300語レベル
*〈Penguin Readers〉Level 1　　　　　　　300語レベル

　絵本から挿絵への移行は英語に慣れていない学生には困難な場合があります。その場合にはこのレベルの入門用として人気があ

る漫画風の本（漫画表現の技術は未熟！）と、ゲームブック形式のものから読みはじめてもらいます。

　上の４シリーズのGRは外国語として英語を学ぶ青少年向けですが、早い学生はそろそろ英語国の子ども向けの挿絵入り本を読めるようになります。

＊〈Puffin Easy-to-Read〉Level 1～Level 3
＊〈Scholastic Reader〉Level 2～Level 3

　挿絵入りとはいえ、絵はまだまだ豊富で、字もかなり大きく、絵本と挿絵入り本の中間くらいですが、〈Puffin Easy-to-Read〉Level 2 の〈Young Cam Jansen〉や〈Amanda Pig and Oliver Pig〉のシリーズ、〈Scholastic Reader〉Level 3 の〈Fluffy〉シリーズ、Cynthia　Rylant 作の〈Poppleton〉（Scholastic 社）のシリーズなどは、大人でもおもしろく読めるものがあります。

　また、〈Curious George〉の絵本シリーズも大人気です。この絵本の英語はかなり高度なのですが、不思議なことに学生はどんどん読みます。ぜひ揃えておきたいものです。

　夏休み前には将来への展望を持ってもらうことを願って、音声を少々導入します。〈Oxford Reading Tree〉を朗読した CD を使って、読みながら聞いたり、本を見ずに聞いたり、関心のある生徒がいればシャドーイングしてもらうこともあります。学生によってはやさしいものならば１分間100語程度で読める人もいますから、やさしい本をゆっくり朗読したものは聞くだけで理解できて大喜びします。音声素材は GR にも、絵本にも用意されていることがあります。

■ 4月からのまとめ──「忍」の一字

多読指導は「我慢」です。レベルを上げさせたい、少しでも多く読ませたいと焦る気持ちをぐっと抑えます。レベルよりも、量よりも、「楽しく」読んでいれば、じっと見守ります。とくに4月から夏休み前くらいは本当に歩みがのろくて、先生としては「こんなものでいいのだろうか？ いつ文字だけの本を読みはじめるのだろうか？」と焦ります。それは毎年ぼくが感じる焦りでもあります。

でも、生徒たちが読み続けた絵本は、どんなにやさしくてもゆっくりと、しかし確実に力になっています。それが「語りの力」だと思われます。夏休み直前には〈Oxford Bookworms〉Stage 1（400語レベル）を読みはじめて、「おもしろかった」と目を輝かせる生徒が2割くらいは出てきます。そうしてそういう生徒のすすみ具合はほかの生徒にもじわりと影響します。

「よし、やっと今年も調子が出てきた！」と思ったそのとき……1学期が終わります。

■ 夏──暑さに負ける

うだるような暑さの中、4月からの蓄積はすべてリセット……水の泡……。

■ 秋──読書の秋？

すべて……というのはほんの少しだけ誇張でした。

2004年度の夏休みはこれまでになく本を借りに来る人が多く、8月だけでおそらく延べ30人が研究室に現れました。また、たとえまったく読まなかったとしても、100万語多読の場合は完全にリセットされるわけではありません。SSSの掲示板では、8ヶ

月まったく英語を読まなかった人が多読を再開してまもなく元の調子に戻ったと報告しています。

■ リハビリテーション

とはいうものの、多少のリハビリテーションは必要です。そこで、教室に持ち込む本を工夫します。4月の最初に〈Oxford Reading Tree〉ではじめた場合はそれまで隠しておいた〈Longman Literacy Land〉を、〈Longman Literacy Land〉ではじめた場合は〈Oxford Reading Tree〉を持っていって、夏休み前に到達していた「物語を英語のまま楽しむ気分」を思い出してもらいます。どちらも英語国の小学生がゼロから読書をはじめるためのシリーズですから、改めてはじめるときもハードルが低く、2週間も経つとたいていの人は調子を思い出してくれます。

リハビリがすむとたちまち惰性に落ち込む人もいます。そういう生徒がいたら「隠しておいた」mangaを小出しに教室に持ち込みます。この辺は生徒の様子を見ながら臨機応変、柔軟に判断します。

■ 部活、行事、バイト、教習所

秋はまた行事の多い季節です。どうしても多読は後回しになります。そういうときは「また時間ができたら読もうね」と言って放っておきます。大丈夫です。楽しく読むように指導していれば、かならずまた多読を再開します。

中には着々と読み進める人がいるものです。電気通信大学の場合はそういう学生は夏休み前から秋にかけて次のような本を読みます。ここからは順調に読み進んでいく人のペースで紹介します。ゆっくりの人はここから紹介する各段階それぞれに時間がかかるのだと思ってください。(そこで問題はレベル上げのタイミングです。

これはとてもむずかしい面があり、くわしくは第2章とコラム「チャンプルー読み」を参照してください。)

＊〈Macmillan (Guided) Readers〉Beginner　600語レベル
＊〈Cambridge English Readers〉Level 1　　400語レベル
＊〈Oxford Bookworms〉Stage 1　　　　　　400語レベル

読みやすさは上から順になっています。〈Macmillan (Guided) Readers〉Beginner は600語を使って書いているのに、なぜか比較的読みやすいようです。〈Oxford Bookworms〉Stage 1 は見かけがむずかしそうなので、抵抗感を除くためには〈Macmillan (Guided) Readers〉Beginner と〈Cambridge English Readers〉Level 1 の各シリーズは大事な架け橋になります。

　まだ絵本でなければいやだという学生には、〈Oxford Reading Tree〉または〈Longman Literacy Land〉の Stage 8、Step 8 以上、それに英語国の子ども向け GR の次のようなシリーズが好評です。

＊〈Step into Reading〉Step 2〜Step 4
＊〈I Can Read Books〉Level 1〜Level 3

　特に〈I Can Read Books〉Level 2 の〈Frog and Toad〉は小学校の国語の教科書でひとつの挿話が使われていることもあって親しみやすいようです。また、かなり速い朗読ですが、CD も好評です。気に入った学生は何度でも繰り返し聞きます。この〈Frog and Toad〉シリーズをはじめとする Arnold Lobel 作の絵本は大人が何度読み返しても味わいがあり、大学生にも人気です。このシリーズを読んで「多読をはじめてよかった」という人もいるくらいです。

■ 離陸の季節

　日本にいて日本語しか知らないのは車を運転できるのと同じです。日本中どこへでも行けるけれども、車では外国へは行けません。また、辞書と文法で外国語を読める段階は船で外国へ行くことにたとえられそうです。辞書を引くことと構造解析をすること自体が楽しくなければ時間がかかりすぎて外国にたどり着く前に飽きてしまいます。その点、辞書と文法に頼らずに外国語の本が読めることは飛行機の操縦ができるようなものです。どこへでもすぐに出かけて、その土地の文化や歴史を見聞することができます。

　4月以来、〈Oxford Reading Tree〉や〈Longman Literacy Land〉、そして〈Penguin Readers〉のEasystartsや〈Oxford Bookworms〉のStartersを読んできたことは、学生たちの操縦する飛行機が滑走路に沿って離陸の準備をしてきたことになります。秋が深まって、行事が終わったころから、たくさんの学生が離陸をはじめます。

　滑走路を走りはじめたころは絵本ばかり読んでいましたが、離陸準備の段階では徐々に挿絵入りの本に移っていきます。と同時に長さも増します。

　たとえば夏休み前には先頭グループだけが読んでいた〈Curious George〉、〈Poppleton〉、〈Mr. Putter and Tabby〉、〈Young Cam Jansen〉などを半分以上の人が読みはじめます。特に〈Curious George〉はとても好評です。こうした本は絵本と挿絵本の中間的存在と言えますが、このあたりを10冊以上読むと、そろそろ挿絵がところどころに入った子ども向けペーパーバックが読める段階です。代表的なシリーズとしては、

＊〈Nate the Great〉

があります。これはハードボイルド小説のパロディーで、その意味でちょっとむずかしく感じる人もいますが、実によく書かれていて、ぼくも大ファンです。20冊以上出ていますから、このシリーズを10冊くらい読むと、今度はもっと長い（基本語レベル800〜1,000語程度、総語数5,000語前後）、

＊〈Magic Tree House〉シリーズ
＊*The Magic Finger*、*The Enormous Crocodile*、*Esio Trot*

が、読めるはずです。前者はいわば小学校の総合学習をファンタジー風に料理したようなもので、理科、社会、伝記といった内容を7歳くらいの子どもたちの冒険を通して楽しく学べるというものです。後者はイギリスの作家 Roald Dahl が書いた本で、たくさんの挿絵が理解を助けてくれます。言葉自体は相当高度ですが、学生にはかなり好評です。

こうした本が楽しく読めれば、後輪も滑走路を離れて、ついに離陸です。学生たちは自由の大空へ向かって飛び立ったのです。

■ 秋の夜長

〈Nate the Great〉と〈Magic Tree House〉にはまれば、飽きるまで1ヶ月はかかるでしょう。そろそろ夜が長くなって読書には最適ですが、かならずしも快調にレベルを上げていく学生ばかりではありません。開始以来半年を過ぎたあたりでまだ熱心に読み続けている人はクラス全体の半分ちょっとでしょうか。

〈Magic Tree House〉を何冊か続けて読む学生を見ると、ぼくは「離陸したな」と思います。おもしろい本さえ見つかれば、大人向けペーパーバックまで読み進めていけるところまで来たといえます。そして、このあたりからあとは「はまるシリーズ」が見つかるかどうかが、その先の伸びを大きく左右します。一人一

人の学生の好みや体調や、授業外の活動をよく確かめながら、慎重に助言していきます。

　時間がないなどの理由で、この時期にまだ絵本や挿絵本だけを読んでいる学生もいますが、それはそれでいいのです。そういう本を1年半読み続けて、突如離陸した学生のことはすでに書きました。

　さて、離陸した学生にはよりどりみどりのペーパーバックが待っていますが、その前にこのあたりで楽しめるGRのシリーズも紹介しておきます。

＊〈Macmillan (Guided) Readers〉Elementary
　　　　　　　　　　　　　　　(1,100語レベル)
＊〈Oxford Bookworms〉Stage 2, Stage 3
　　　　　　　　　　　(700語レベル、1,000語レベル)
＊〈Penguin Readers〉Level 2, Level 3
　　　　　　　　　　　(600語レベル、1,200語レベル)
＊〈Cambridge English Readers〉Level 2, Level 3
　　　　　　　　　　　(800語レベル、1,300語レベル)

絵本や挿絵本を中心に読んでいる学生には読みにくいかもしれませんが、このレベルからはGRにも読み応えのある本が登場してきます。ただ〈Penguin Readers〉Level 2 (600語レベル) は当たりはずれがあり、*Heidi*、*Fly Away Home*、*Railway Children* などは特に人気ですが、映画のノベライズ版は映画を見ていないと何がなんだかさっぱりわからないというものもあります。〈Cambridge English Readers〉はすべてGRのために書き下ろした作品ばかりで、登場人物の数や話の展開が本の長さ (8,000〜10,000語) に合わせてあります。また内容はすべて大人の読者を想定していますから、子どもっぽい内容はいやだという

学生には好評です。特にアメリカのテレビドラマをGRにした〈Macmillan (Guided) Readers〉Elementaryの〈Dawson's Creek〉シリーズは読みやすい青春恋愛物で、非常に好評です。

■ 冬――実りの季節

　長く、行事の多い冬休みが終わると、順調に進んできた人たちはいよいよ挿絵のほとんどないペーパーバックを読みはじめます。全体の2割から3割くらいの学生です。4月からじっと見守ってきた人たちがどんどん離陸して、子ども向けとはいえ文字だけのペーパーバックを読んでいるのを見ると本当に教師冥利に尽きるというべきで、深々とした満足感を感じます。学生たちも、ここまでくるとあとは好み次第で大人向けのペーパーバックまで読み続けられるはずです。

　挿絵のほとんどない、あるいはまったくないペーパーバックのうち、代表的なシリーズは次のようになっています。

＊〈Capital Mysteries〉
＊〈A to Z Mysteries〉
＊〈Jigsaw Jones Mysteries〉
＊〈Flat Stanley〉
＊〈Marvin Redpost〉
＊〈Nancy Drew Notebooks〉
＊〈Baby-Sitters Club: Little Sister〉
＊〈Anastasia Krupnik〉
＊〈The Zack Files〉
＊〈Mr Majeika〉
＊〈The Secrets of Droon〉

　こうしたシリーズにはミステリーが多く、さすがに仕掛けが簡

単すぎる話もありますが、結構凝ったものもあり、学生にはどれも好評です。長さは6,000語から10,000語くらいで、〈Magic Tree House〉より少し長い程度ですが、挿絵の数がぐっと少なく、電車の中で堂々と読める本と言えます。

電車の中ではちょっと読みにくいシリーズには、

＊〈Captain Underpants〉

の8冊があります。パンツ一丁の主人公が表紙に描かれていて、いわゆる「おバカ系」の代表的な本ですが、人気があります。同じ作者の弟版に〈Super Diaper Baby〉シリーズがあり、こちらは〈Oxford Bookworms〉Stage 1を読む前にも読めると思います。こんな「おバカ」な本を学校の授業で読んでいいのか！と、多読クラスの特長を実感してもらえるはずです。

■ 1年目の終わり

電気通信大学では1月末に多読クラスが終わる時点で、こうした本を読みはじめる人は全体の2割から3割、〈Magic Tree House〉を通過した人は4割くらいになっています。中には〈Harry Potter〉を読みはじめる人も出てきます。（目標の一つとして、本棚の目玉にしましょう！）飛行機でいえば離陸後に車輪を格納した時期でしょうか。ここからはさらに上空をめざして、スピードと高度を上げていきます。

電気通信大学のぼくの多読クラスでは読了語数の計算は義務にしていません。実は語数を数えなさいとは言ったことがありません。そのため推測に過ぎませんが、2年目の人たちはすくなくとも週に1万語は読んでいると思います。いちばんたくさん読む人では年に200万語くらいの人が毎年一人か二人います。

■ 2年目へ――再び再生

1年目の終わりにペーパーバックへ足がかりを作った人には、その先時間の許すかぎり楽しい読書が待っています。春休みにはまたすこし英語の読書から遠ざかっても、クラスがはじまればすぐに勘は戻ってくるようです。

2004年度に2年目の多読クラスを受講した学生は前年受講者120名のうち、80名ほどでした。主に1年目に熱心に読んだ学生を中心に選びましたが、2年目の人たちがいるクラスは教師の天国です。毎週「君たちはすごい！」と言わずにいられないので、学生はみな辟易していると思いますが、それでもやっぱりすばらしいクラスだと言わずにはいられません。

この人たちが2年目に主に読んでいる本を次のページで紹介しましょう。このレベルになると、シリーズになっていない「単発」の傑作を読むことも多いので、すべて数え上げることはできません。シリーズになっている本、作家で紹介できる本を中心にします。

なお、2年目の人たちには、「SSSのウェブサイトに本が紹介されていますから、そこからおもしろそうな本を探してきなさい、購入するから」と言います。先生方も生徒が探してきた本を購入して読むと、ご自身の読書経験を豊かにしてくれる本に出会えるはずです。

■ 児童小説からジュニア小説へ

〈Harry Potter〉はたしかにたくさんの人の目標ですが、1年目の終わりに到達した総語数5,000語と〈Harry Potter〉の総語数（第1巻で約8万語）のあいだにも、実に豊かな鉱脈があります。シリーズで発掘できれば、あるいは作家で一山当てれば、それだけで英語の力は格段に伸びます。多読指導者の最後の役割

はこの総語数5,000語から数万語の範囲で生徒が「はまる本」を探す手伝いをすることです。

SSS の書評ページからも探せますが、ここでは日本語で読んだとしても十分堪能できる作家とその作品を挙げておきましょう。

＊Roald Dahl　とくに
- ➢ *George's Marvelous Medicine*
- ➢ *The Giraffe and the Pelly and Me*
- ➢ *The Twits*
- ➢ そのほか厚さの順に *James and the Giant Peach*、*Charlie and the Chocolate Factory* まで

＊Louis Sachar　とくに
- ➢ 〈Sideways School〉シリーズ
- ➢ そのほか厚さの順に *There's a Boy in the Girls' Bathroom*、*Holes* まで

＊Jacqueline Wilson とくに
- ➢ *Sleepovers*
- ➢ *Cat Mummy*
- ➢ *Dustbin Baby*

＊Patricia MacLachlan とくに
- ➢ 〈Sarah, Plain and Tall〉シリーズ

一人一人くわしく紹介できないので一人だけに絞ると、ぼくが一番感心した作家は Jacqueline　Wilson です。とくに *Dustbin Baby* はすばらしい作品です。最後の30ページはどきどきから涙まで一直線です。子どもたちのことを大切に考えている作家が、自分が本当に納得できる物語を紡ぎ出すとこういう作品ができるという見事な例と言えます。その点は Louis Sachar の作品も近いかもしれません。とくに *Holes* は長さといい、読みやすさと

いい、*Dustbin Baby* とともに「総語数数万語レベル」の白眉です。

■ 大人向けペーパーバック直前

このあたりの厚さになると、生徒たちは1冊読むのに少なくとも1週間、ときには2週間かかります。したがって、よほどうまくいった多読クラスでないかぎり、40人クラスでも1冊ずつ（シリーズなら1セット）購入すれば間に合います。むしろ上に進みたい生徒が出てきたらそのたびに購入しても十分間に合うはずなので、いっぺんに揃える必要はありません。

さらに総語数の多い本やシリーズがいくつもありますが、これもごく一部を紹介しましょう。

＊Roald Dahl 作　*Matilda*、*The Witches*
＊〈Darren Shan〉シリーズ
＊〈Animorphs〉シリーズ
＊〈Princess Diaries〉シリーズ
＊〈A Series of Unfortunate Events〉シリーズ
＊〈Fudge〉
＊〈Judy Moody〉
＊〈The Famous Five〉
＊〈Little House on the Prairie〉
＊〈Goosebumps〉

どれも読み応えがあります。このレベルの児童書には10年も20年も読み続けられる名作があります。SSSの掲示板ではTOEICをめざして100万語多読をはじめたら、児童書を読むことが好きになって、受験はどうでもよくなってきたという報告もよく見られます。*Matilda* は第3章の新川先生も感動していますが、つい最

近2年目の大学生が読んで、100万語多読をはじめていちばんよかったと言っていました。

■ GR の最高レベル

青少年向けとはいえ、ペーパーバックを読みはじめると、GRのことはつい忘れがちになりますが、読みやすさレベル4から6のGRには傑作と呼んでいいものがたくさんあります。中でもぼくがいちばん推奨する〈Penguin Readers〉Level 6の *Captain Corelli's Mandolin* はリトールド版の印象が原作とまったく違わないというすばらしい出来です。

そのほかにもディケンズやブロンテ姉妹、スタンダールといった世界の名作を比較的簡単に味わうことができます。先生方も、若い頃見逃した名作に触れる二度目のチャンスと思って、楽しんでください。

■ ついに大人向けのペーパーバックへ！

直前レベルの本を数冊読んだら、〈Harry Potter〉だけでなく、大人向けのペーパーバックも大丈夫になってきます。Sidney Sheldonの小説はかならずしも中高生にあうとは思えませんが、何冊も読んだ生徒もいます。中でも *The Sky is Falling*、*If Tomorrow Comes* などは読みやすいようです。

直前のレベルにせよ、大人向けのペーパーバックの入門レベルにせよ、そのレベルに達した生徒が出てきたところで購入すればいいでしょう。こういう本を読んだらと勧めるには、先生自身がお読みになるか、SSSのウェブサイトで探すことになります。

■ 最後に

　ここまで紹介してきた本と導入のタイミングは電気通信大学の学生の、おもに順調に読み進んでいく学生の場合です。何度も書いたようにゆっくり進む学生はいくらもいます。その場合はここに書いた段階一つ一つにかける時間が長くなるのだと思ってください。一方、2004年度の新入生で、抽選にはずれて多読クラスを取れなかったのに、自主的に研究室にやってきて本を借りていく学生がいますが、夏休み前に離陸し、挿絵のない総語数10,000語を越える本を週に何冊も読んできました。全体の timeline は伸び縮みするものだと考えてください。すべては先生が一人一人のペースを大切にしてあげることに尽きます。

　また、将来は分野ごとにやさしいものから高度な本まで並べたガイドブックのシリーズを出版したいと思っています。たとえば『ミステリーで100万語』、『ファンタジーで100万語』といったさまざまな分野を考えています。ほかには、コンピュータ・ゲーム、manga、SF、ロマンス、青春物、料理、科学物――要するに多読による百科全書です。楽しみにしていてください。完成すれば、生徒はどんな分野でも自分の関心のある分野の本をやさしいものから高度なものまでたどって100万語に到達することができます。そしてゴールでは頭と心の奥にまで染みこんだ英語の世界ができあがっていることになります。

＊『ミステリではじめる英語100万語』（酒井邦秀・佐藤まりあ共著、コスモピア、2006年）、『大人のための英語多読入門』（酒井邦秀監修、佐藤まりあ著、コスモピア、2008年）が2010年現在で出版されています。

ITを利用した多読授業

多読授業の成否を左右するのは生徒一人一人に合わせたきめ細かな指導です。そしてきめ細かな指導をするには、本と生徒についての深い知識が不可欠です。本についても、生徒についても適切な情報をすばやく参照できるように、本書の著者酒井は2004年度現在文部科学省の科学研究費補助金を使って、ITを利用した多読支援システムを実験しています。

これは2つの部分、つまり本の情報を蓄積した「書評システム」と、書評システムからデータを取り出して多読の歩みを記録する「読書記録システム」から成っています。どちらもインターネット上でアクセスできるようになっています。

生徒は家で、または学校で、その週に読んだ本をインターネット上の自分の読書記録ページに入力します。自分のページを開いて、読み終わった、あるいは途中でやめた本のISBNを入力し、どこまで読んだかを入力すると、それまでに読んだ総語数が自動的に積算されます。

先生は教室で、あるいは自宅で、インターネットを通じて生徒の多読状況を参照します。助言することがあればそれもインターネットを通じて、または教室で対面しているときに伝えます。先生は生徒の読書履歴を表やグラフで確かめることもできます。週ごとに何語くらい読んでいるか、レベルの伸びはどうなっているか、読み進んでいないのはなぜか、そういったことを指導の参考にします。

2004年現在はまだ雛型を試験稼働しているところですが、2005年度以降には、本格的なシステムを造る予定です。予定している機能が実現すると、生徒は携帯を使ってどこからでも読書記録を登録できたり、多読授業を実施している各校をインターネットで結んで一人の生徒の指導について全国の先生方から意見を求めたりすることも可能になるはずです。また、生徒たちが1冊の本について全国から感想を語り合うこともできます。

おわりに

　本書によって、生徒と先生にとって充実感にあふれた多読授業のエッセンスを伝えることが著者2名の願いでした。100万語多読は従来の英語授業と大きく異なっています。私たち自身、多読授業を実践して行くことは、当たり前だと思っていた授業のやり方を根本から変えることでした。その結果、教室はうれしい発見に満ちたものになりました。

　多読授業の目的は、英語力をつけるために、多くの生徒に英語の読書を「趣味」にしてもらうことです。日本語同様、英語も楽しみながら読んでいけば読める本が増えてゆくことを実感させて、生徒が一人で洋書に向かう意欲を育てたいと考えています。

　多読授業は「個人指導」だからこそ、きめ細やかな指導ができます。本書には、多読指導を行っている先生や指導者の実践報告を数多く寄せていただきました。どの授業もそれぞれ特徴があり、環境や生徒の人数や個性による様々な創意工夫を見ることができます。授業は多彩で、それが多読授業の可能性の大きさを示していると思います。

　2001年に東京新宿のSEGで第1回多読による英語教育パネルディスカッションが開催された当時は、辞書を使わずに絵本で始める多読を実践する先生はわずかでした。しかし、その後どんどん増えて、2004年には日本多読学会を設立するまでになりました。この年、第1回日本多読学会大会、第3回多読による英語教育ワークショップ、そして多読英語教育新人セミナーが続けて開催され、多読授業を実践する先生たちの活発な授業報告と情報交換が行われました。年ごとに新たに参加する先生の増加は、驚くほ

どです。本書の出版で、多読授業を実践する先生がますます増えることを願っています。

電気通信大学とSEGの授業で始まった「100万語多読」は、SSS英語多読研究会のサイトを交流の場として、社会人中心に多読人口を増やしています。SSSのサイトの掲示板は、本の選び方、お勧め図書、どういう悩みが出てきて、どう解決するか、など、まさに多読の知恵の宝庫とも言えます。ぜひ http://www.seg.co.jp/sss/ にアクセスして、日頃の多読授業の指針にしていただきたいと思います。また、2005年には独習者向けの『100万語多読入門』と『英語多読完全ブックガイド』が発売されました。

近年の多読の広がりは目覚ましいものがあります。100万読多読を紹介した酒井邦秀著『めざせ100万語！――ペーパーバックへの道』は韓国で翻訳版が2004年7月に出版されました。今後、英語、ドイツ語、スペイン語に翻訳予定で、多読は世界に大きく広がって行くことでしょう。

また、多読は他の外国語学習にも応用がきくものです。現在、日本語とフランス語の学習者向けの多読用図書の出版計画がありますし、さらに英語以外の言語の graded readers の出版が期待されます。

本書の執筆にあたり、多くの方々の協力を得ました。SSS英語学習法研究会の古川昭夫先生と河手真理子先生、東京学芸大学附属高校教諭保戸塚由紀子先生、世田谷学園教諭飯田浩行先生には原稿に対する有益なコメントをいただき、お礼申し上げます。大修館の池田菜穂子さんは編集者だけでなくパートナーの役も見事に果たしてくれました。感謝に堪えません。また一緒に本を作りましょう！

多読授業の参考になる本

『快読100万語！　ペーパーバックへの道――辞書なし、とばし読み英語講座』
(酒井邦秀 著、ちくま学芸文庫、2002年)

　辞書なしで、非常にやさしい本から読み始めて徐々にレベルをあげる多読を紹介し、語数を目標とする方法を提唱した最初の本。

『今日から読みます　英語100万語』(古川昭夫・河手真理子 共著、日本実業出版社、2003年)

　100万語多読＝SSS多読学習法の実践編。読みやすさレベル別に評判のよい多読用図書を、総語数と読者の感想とともに紹介。

『親子で始める英語100万語』(古川昭夫・伊藤晶子 共著、日本実業出版社、2004年)

　学校授業でも役立つレベル0〜5以上の多読用図書紹介。「今日から読みます」以降に開拓された図書やシリーズが役立つ。読み聞かせを解説。

『辞書を捨てれば英語は読める！　100万語多読入門』(古川昭夫・伊藤晶子 共著、酒井邦秀監修、コスモピア、2005年)

　CD、簡易版読書記録手帳付き。GRの抜粋を読んで多読を開始できる。個人学習者向けだが、多読の方法の解説は授業の参考になる。

『英語多読・多聴指導マニュアル』(高瀬敦子 著、大修館書店、2010年)

　実践報告、研究成果を紹介しつつ、教材の揃え方、管理方法、教師の役割、評価方法など、多読・多聴を授業に組み込むにあたり不可欠な情報をまとめた本。

『英語多読完全ブックガイド　改訂第3版』(古川昭夫・神田みなみ 共編著　黛道子・佐藤まりあ・西澤一・畑中貴美・宮下いづみ 共著、SSS英語多読研究会・日本多読学会 協力、コスモピア、2010年)

　13,000冊以上の本の語数・ISBN・内容紹介をシリーズ・作家ごとに掲載。GRシリーズと多読推薦本の解説も充実。多読の図書選びと語数記録に必須。なお、初版（第1版）は2005年、第2版は2007年。

『めざせ100万語！　読書記録手帳』(古川昭夫・SSS英語多読研究会 著、コスモピア)

　310冊分の読書記録（感想、語数集計）が可能。主要GRの総語数リストと、読みやすさレベル別の推薦図書案内付き。

Day, R. R., & Bamford, J. (1998). *Extensive reading in the second language classroom*. Cambridge: Cambridge University Press.

　多読のカリキュラム導入や図書の用意などについて様々な方法を提案。多読の効果に関する理論的解説も充実している。

[編著者略歴]

酒井邦秀（さかい　くにひで）
電気通信大学総合文化講座准教授。日本多読学会初代会長。SSS英語学習法研究会創立メンバー。元は文法少年だったが、それでは埒が明かないと痛感して多読に至る。著書に『どうして英語が使えない？』『快読100万語！　ペーパーバックへの道』『さよなら英文法！　多読が育てる英語力』（ともにちくま学芸文庫）など、訳書にE.ネズビット『よい子連盟』（国土社）がある。現在、tadoku.org（多読村ウェブサイト）を主宰。

神田みなみ（かんだ　みなみ）
平成国際大学法学部法学科教授。学習院大学大学院博士前期課程修了。コロンビア大学大学院ティーチャーズカレッジ修士課程修了。共編書に『英語多読完全ブックガイド』（コスモピア）がある。

教室で読む英語100万語——多読授業のすすめ
Ⓒ Kunihide Sakai, Minami Kanda, 2005

NDC 375/xii, 227p/19cm

初版第1刷	2005年4月5日
第3刷	2010年9月1日

著者	酒井邦秀，神田みなみ
発行者	鈴木一行
発行所	株式会社　大修館書店

〒101-8466　東京都千代田区神田錦町3-24
電話03-3295-6231（販売部）　03-3294-2357（編集部）
振替00190-7-40504
［出版情報］　http://www.taishukan.co.jp

編集協力	古川昭夫・河手真理子		
装丁者	工藤強勝	章扉撮影	渡辺泰司
印刷所	文唱堂印刷	製本所	司製本

ISBN978-4-469-24504-2　Printed in Japan

Ⓡ 本書の全部または一部を無断で複写複製（コピー）することは，著作権法上での例外を除き禁じられています。

GR・児童書・一般書　読みやすさレベル(YL)一覧表

＊網かけは学習者用 GR

YL	〈シリーズ名〉レベル、または　書名　　　　　　　　（語彙レベル）	総語数
0	〈Longman Literacy Land (Story Street)〉 Foundation Step - Step 4	0 - 200
	〈Oxford Reading Tree〉 Stage 1 - Stage 5	0 - 350
	〈Springboard〉 1 - 7	30 - 120
	〈Scholastic Readers〉 Level 1 - Level 2	30 - 500
や	〈Cambridge Storybooks〉 1 - 3	25 - 480
さ	〈Step into Reading〉 Step 1 - Step 2	50 - 350
し	My First 〈I Can Read Books〉 - 〈I Can Read Books〉 Level 1	80 - 900
め	〈All Aboard Reading〉 Picture Books	150 - 200
	〈Ready - to - Read〉 Pre - Level 1 - Level 2	30 - 800
	〈Puffin Easy - to - Read〉 Level 1 - Level 2	80 - 1,500
↓	〈Springboard〉 8 - 16	130 - 380
	〈All Aboard Reading〉 Level 1 - Level 2	100 - 1,500
	〈Curious George〉 (Short Stories)	340 - 700
む	〈Oxford Reading Tree〉 Stage 6 - Stage 8	450 - 1,200
ず	〈Longman Literacy Land (Story Street)〉 Step 5 - Step 6	270 - 600
か	〈Penguin Readers〉 Easystarts　　　　　　　　　　　(200)	900 - 1,000
し	〈Oxford Bookworms〉 Starters　　　　　　　　　　　(250)	700 - 1,500
め	〈Macmillan New Wave Readers〉 Level 1　　　　　　(300)	500 - 600
	〈Macmillan (Guided) Readers〉 Starter　　　　　　　(300)	500 - 600
	〈Step into Reading〉 Step 3	500 - 1,500
1	〈Oxford Reading Tree〉 Stage 9	1,200 - 1,500
	〈Longman Literacy Land (Story Street)〉 Step 7 - 9	600 - 1,100
	〈Rookie Read - About Science〉	200 - 600
	〈Curious George〉 (Long Stories)	1,300 - 2,500
や	〈Poppleton〉 / 〈Mr. Putter & Tabby〉 / 〈Henry and Mudge〉	700 - 900
さ	〈I Can Read Books〉 Level 2	1,500 - 2,000
し	〈Penguin Readers〉 Level 1　　　　　　　　　　　　(300)	1,300 - 4,400
め	〈Macmillan New Wave Readers〉 Level 2　　　　　　(600)	1,000 - 1,100
	〈Macmillan (Guided) Readers〉 Beginner　　　　　　(600)	2,000 - 3,000
	〈Cambridge English Readers〉 Starter - Level 1　　(250 - 400)	2,000 - 4,800
↓	〈Macmillan (Guided) Readers〉 Beginner　　　　　　(600)	5,000 - 6,000
	〈Oxford Bookworms Factfiles〉 Stage 1　　　　　　(400)	3,000 - 3,400
	〈Scholastic Readers〉 Level 3	1,200 - 2,100
む	〈Ready - to - Read〉 Level 3	1,000 - 2,800
ず	〈Nate the Great〉	1,600 - 2,000
か	〈Step into Reading〉 Step 4	1,300 - 3,000
し	〈Longman Literacy Land (Story Street)〉 Step 10	1,300 - 1,700
め	〈I Can Read Books〉 Level 3	1,600 - 2,100
	〈All Aboard Reading〉 Level 3	1,500 - 5,000
	〈Puffin Easy - to - Read〉 Level 3	1,000 - 3,000
2	〈Longman Literacy Land (Story Street)〉 Step 11 - Step 12	2,300 - 5,200
	〈Scholastic Readers〉 Level 4	2,200 - 5,800
	〈Cobble Street Cousins〉	3,000 - 4,000
	〈Flat Stanley〉	4,000 - 7,000
や	〈Oxford Bookworms〉 Stage 1 - Stage 2　　　　　(400 - 700)	4,800 - 8,500
さ	〈Penguin Readers〉 Level 2　　　　　　　　　　　　(600)	3,500 - 11,000

◆より詳しい YL 表については、『英語多読完全ブックガイド』または SSS のサイトをご覧下さい。　©SSS 英語多読研究会

YL	タイトル	(語彙)	総語数
0.7	<Macmillan New Wave Readers> Level 3	(1100)	2,000 - 2,200
0.8	<Oxford Bookworms Starter> Stage 2	(700)	3,600 - 4,200
	<Cambridge English Readers> Level 2	(800)	8,200 - 10,000
↑1	<Marvin Redpost>		4,600 - 8,000
	<Captain Underpants>, <Super Diaper Baby>		5,000 - 7,000
②	<Magic Tree House>		4,700 - 6,000
④	<Capital Mysteries>		7,000 - 9,000
④	<A to Z Mysteries>		8,000 - 9,000
⑤	<Jigsaw Jones Mysteries>		4,000 - 8,000
②	The Magic Finger / The Enormous Crocodile / Esio Trot		3,000 - 4,300
3	<Macmillan (Guided) Readers> Elementary	(1100)	7,600 - 13,000
	<Macmillan New Wave Readers> Level 4 - Level 5	(1600 - 2200)	3,000 - 6,000
	<Oxford Bookworms Factfiles> Stage 3 - Stage 4	(1000 - 1400)	5,600 - 9,000
	<Oxford Bookworms> Stage 3 - Stage 4	(1000 - 1400)	7,800 - 22,000
	<Penguin Readers> Level 3	(1200)	5,600 - 21,000
	<Macmillan Readers> Pre-intermediate	(1400)	8,000 - 20,000
	<Cambridge English Readers> Level 3	(1300)	13,000 - 16,000
	<Macmillan (Guided) Readers> Intermediate	(1600)	8,600 - 23,000
	<MAXimum Boy> / <Mr Majeika>		7,000 - 9,000
	<The Zack Files>		7,500 - 12,000
	<Nancy Drew Notebooks>		8,000
	<Sarah, Plain and Tall>		8,300
	<Judy Moody>		9,000 - 12,000
	<The Secrets of Droon>		7,000 - 10,000
	<Full House: Michelle> / <Anastasia Krupnik>		10,000
	Cat Mummy / Sleepovers		9,000 - 14,000
	<Baby-Sitters Club: Little Sister>		12,000
	The Giraffe and the Pelly and Me / The Twits / Fantastic Mr Fox		6,000 - 9,000
4	<Penguin Readers> Level 4	(1700)	12,000 - 42,000
	<Oxford Bookworms Factfiles> Stage 5	(1800)	12,000
	<Oxford Bookworms> Stage 5	(1800)	18,000 - 24,000
	<Cambridge English Readers> Level 4	(1900)	17,000 - 20,000
	<Macmillan (Guided) Readers> Upper	(2200)	15,000 - 25,000
	Charlie and the Chocolate Factory / James and the Giant Peach		30,000 - 41,000
	Little House in the Big Woods / Number the Stars		33,000 - 26,000
	Sideway School? / There's a Boy in the Girls' Bathroom		20,000 - 35,000
5	<Penguin Readers> Level 5	(2300)	14,000 - 46,000
	<Oxford Bookworms> Stage 6	(2500)	21,000 - 31,000
	<Cambridge English Readers> Level 5	(2800)	19,000 - 26,000
	The Suitcase Kid / Girls in Love		29,000 - 33,000
5 - 6	<Darren Shan> / <Deltora Quest> / <Rowan of Rin> / <Animorphs> / Holes / Matilda / The Witches / Dustbin Baby / The Illustrated Mum		25,000 - 40,000 / 35,000 - 70,000
6	<Cambridge English Readers> Level 6	(3800)	26,000 - 34,000
	<Penguin Readers> Level 6	(3000)	22,000 - 34,000
6 - 7	The Sky is Falling / <Harry Potter>		60,000 - 260,000
7 - 9	The Firm / Da Vinci Code / The Green Mile / The Silence of the Lambs / Postmortem / <Howl's Moving Castle> / <The Lord of the Rings>		60,000 - 200,000